영국 학부모들이 선택한 두뇌 자극 놀이책

# 영국 아이들의 논리력 수학

개러스 무어 지음 | 김가현, 김태현 옮김

Math Games for Bright Sparks
Puzzles and solutions © Gareth Moore 2020
Illustrations and layouts © Buster Books 2020, an imprint of Michael O'Mara Books Limited
All rights reserved. Korean translation copyright © 2022 by HEROCONTENTS
Korean translation rights arranged with Michael O'Mara Books Limited
through EYA(Eric Yang Agency)

이 책의 한국어판 저작권은 EYA(Eric Yang Agency)를 통해 Michael O'Mara Books와 독점 계약한 히어로컨텐츠가 소유합니다. 저작권법에 의하여 한국 내에서 보호를 받는 저작물이므로 무단 전재 및 복제를 금합니다.

영국 학부모들이 선택한 두뇌 자극 놀이책

# 영국 아이들의 논리력 수학

개러스 무어 지음 | 김가현, 김태현 옮김

**키즈히어로**
Kids HERO

**초판 1쇄** 2022년 7월 19일
**2판 1쇄** 2022년 12월 6일

**지은이** 개러스 무어
**옮긴이** 김가현, 김태현
**책임편집** 이명일
**디자인** 김민영

**펴낸이** 이예찬
**펴낸곳** 히어로컨텐츠
**주소** 서울특별시 금천구 서부샛길 632, 7층 707호(가산동, 대륭테크노타운 5차)
**연락처** 02-862-2220
**팩스** 02-862-2227
**ISBN** 979-11-90932-48-6  74000
979-11-90932-45-5  74000 (세트)

\* 잘못된 책은 바꿔 드립니다.
\* 이 책의 전부 또는 일부 내용을 재사용하려면
사전에 저작권자의 동의가 필요합니다.
\* 키즈히어로는 히어로컨텐츠의 아동 전문 브랜드입니다.

# 이 책에 대하여

이제 여러분은 논리력을 키워주는 80개 이상의 두뇌 자극 수학을 마주하게 될 것입니다. 자! 즐길 준비가 되었나요?

두뇌 자극 수학은 점점 어려워져요. 처음부터 차근차근 풀어 보는 것이 가장 좋아요. 각 페이지 아래에 있는 작은 시계에 문제를 푸는데 걸린 시간을 기록해 보세요. 수학 문제를 즐기다 보면 답을 고쳐야 하는 경우가 자주 생겨요. 연필을 사용하는 게 좋겠죠?

문제마다 있는 설명들을 잘 읽고 풀어 주세요. 문제가 잘 이해되지 않는다면, 놓친 부분은 없는지 설명을 다시 읽어 보세요. 대부분의 문제에는 풀이에 도움이 되는 '예시'도 있으니 어려운 수학 문제가 나오면 참고하세요.

문제를 계속 봐도 모르겠다면 주변 어른에게 물어보세요. 끝까지 혼자 문제를 풀고 싶다면 뒤에 있는 정답을 슬쩍 봐도 됩니다. 하지만 반드시 왜 이 같은 답이 나왔는지 생각하는 시간을 가져야 해요. 어떤 식으로 문제를 풀어도 결과적으로 새로운 사실을 배우는 건 마찬가지이니까요.

그럼, 논리력 수학을 신나게 즐겨 보세요.
행운을 빌어요.

**개러스 무어** 박사는 세계 최고의 두뇌 훈련 전문가이다. 영국 케임브리지 대학교에서 인공 지능 관련 분야인 머신 러닝 관련 박사 학위를 받았다. 두뇌 훈련 전문가로서 여러 미디어에서 활발하게 활동하며 두뇌 훈련과 퍼즐 관련 책을 많이 출판했다. 그의 책은 영국에서만 500만 부 이상 팔렸으며, 35개국에서 번역 출판되었다.
개러스 무어 박사는 현재 두뇌 훈련 온라인 사이트인 'BrainUp.com'과 퍼즐 사이트 'PuzzleMix.com'을 운영하고 있다.

**김가현, 김태현** 남매는 6, 7세 때 아빠를 따라 미국으로 건너가 초등학교 시절을 보냈으며, 영어를 배우는 과정에서 한때 퀴즈와 퍼즐에 빠져 지낸 흑역사가 있다. 10년간의 미국 생활을 정리하고 한국으로 돌아왔지만 한국어보다 영어로 대화하는 것을 조금 더 편하게 생각하는 두 남매는 현재 한국에서 대학 생활을 즐기고 있다.

# 1 로봇 친구들

로봇들은 각자 숫자를 가지고 있습니다. 자신과 2배수가 되는 로봇과 짝지어 주세요.
3×2=6이니 로봇 3과 로봇 6이 짝입니다.

## 2 도형 탐정

세 개의 도형으로 만들어진 그림입니다. 세 개의 도형은 어떤 모습인가요?

.................................... .................................... ....................................

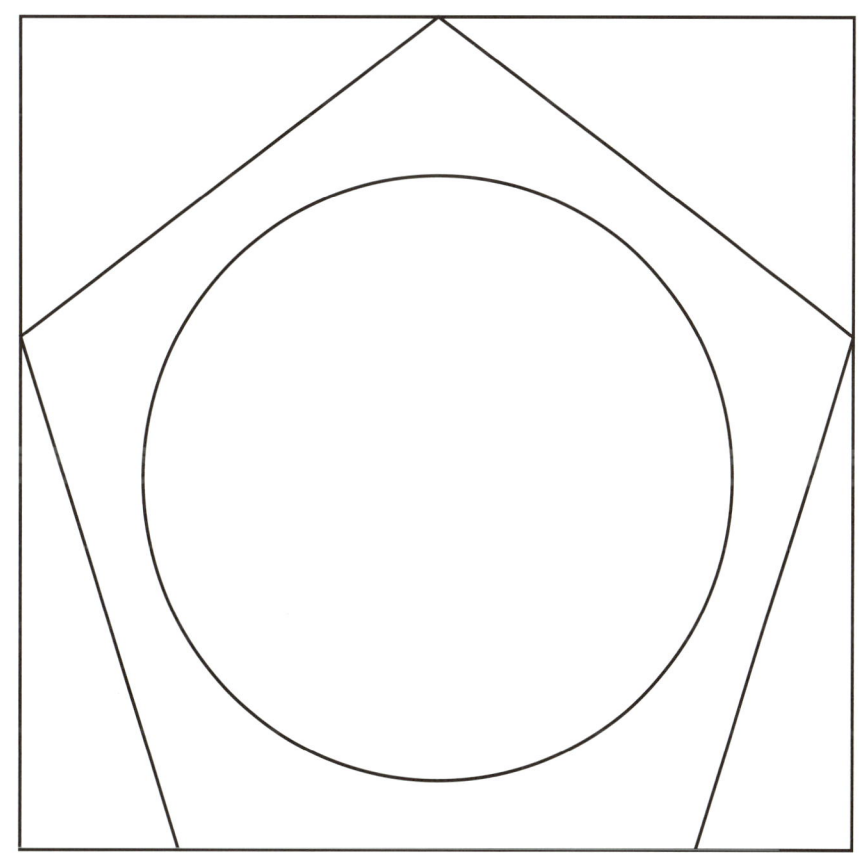

위의 그림을 가지고 새로운 도형을 만들 수 있어요. 그 중, 변이 가장 많은 도형은 변이 몇 개일까요?

_____ 개

TIME

# 3 숨은 홀수 찾기

그림 안에서 홀수 10개를 찾아 주세요. 짝수도 섞여 있으니 조심하세요.

TIME

# 4 시원한 수학

숫자가 적힌 음료들이 있어요. 각 쟁반에도 숫자가 적혀 있습니다. 숫자 음료의 합이 쟁반에 적힌 숫자가 되도록 담아 주세요. 한 쟁반에 같은 음료를 담을 수 없습니다.

예:

1.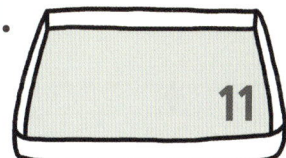
2.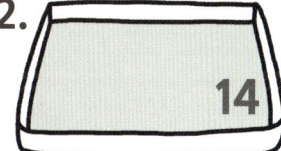
3.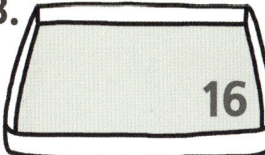
4.

TIME

# 5 수수께끼의 동물

강아지와 고양이는 각각 어떤 수를 나타냅니다. 아래의 문제와 답을 잘 보고 강아지와 고양이의 정체를 밝혀 주세요. 답은 아래 빈 줄에 적어 주세요.

2 ×  +  = 11

 + 2 ×  = 13

 +  = 8

 = _____    = _____

# 6 달팽이 집 가는 길

달팽이 집을 찾아 주세요.
집으로 가는 길에 만난 숫자들을 더해 주세요.
답은 아래 빈 줄에 적어 주세요.

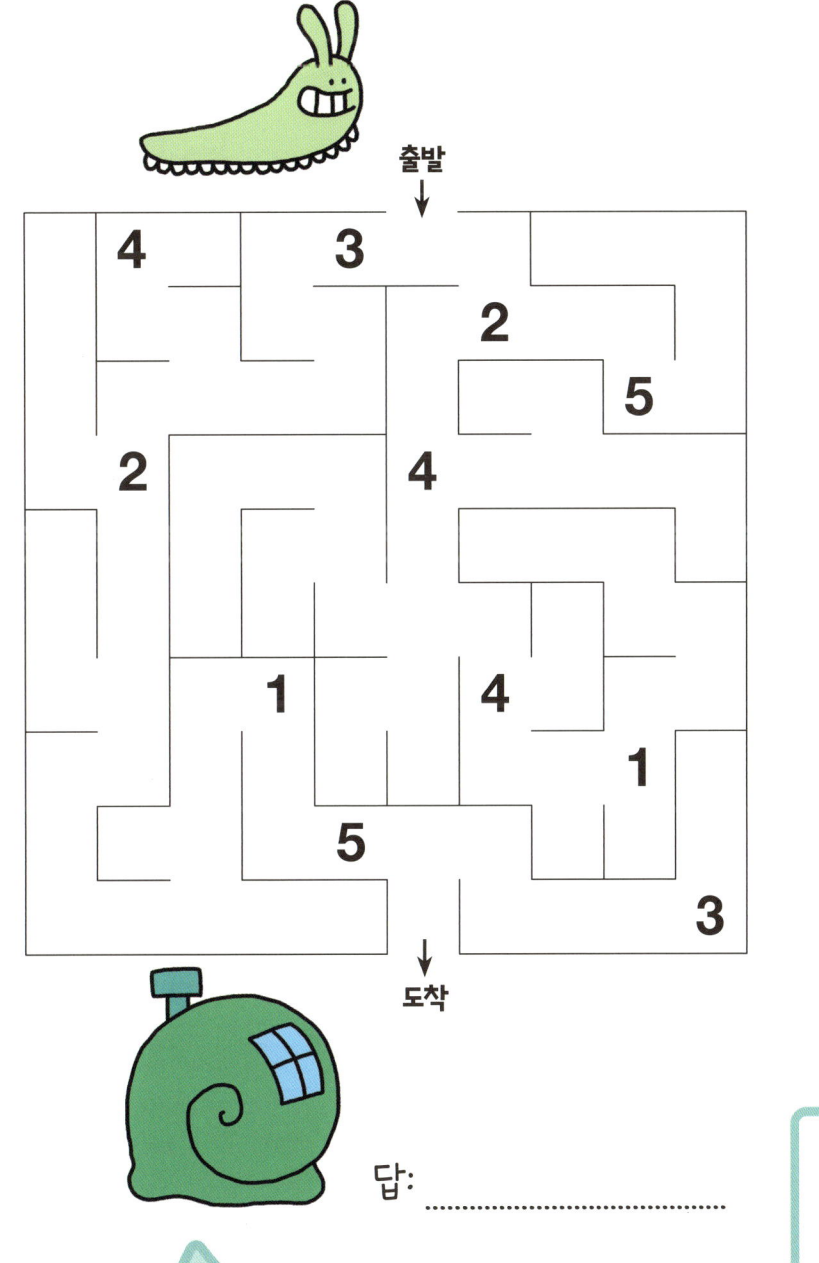

답: ........................

TIME

# 7 신기한 수열(띄어 세기)

카드를 보고 아래 수열의 규칙을 알맞게 풀어 주세요.

예:

1   3   5   7   9   11

이 수열의 규칙은 +2입니다.

1.  80   70   60   50   40   30   20   규칙 ..........

2.  2   5   8   11   14   17   20   규칙 ..........

3.  15   20   25   30   35   40   45   규칙 ..........

*수열: 일정 규칙에 따라 차례로 나열된 수의 열을 '수열'이라고 합니다.

# 8. 잃어버린 연산 기호

빈칸에 알맞은 연산 기호를 넣어 주세요.

$+$  $-$  $\times$  $\div$

손풀기로 쉬운 문제들을 풀어 봐요.

**1.** 3 ...... 5 = 15        **2.** 5 ...... 5 = 25

**3.** 4 ...... 8 = 12       **4.** 20 ...... 2 = 10

좀 더 어려운 문제들을 풀어 볼까요?

**5.** 19 ...... 19 = 38    **6.** 35 ...... 5 = 7

**7.** 87 ...... 13 = 100  **8.** 99 ...... 12 = 87

**9.** 5 ...... 5 = 0          **10.** 11 ...... 10 = 110

TIME

# 9  홀수와 짝수

빈칸에 1에서 6까지의 수를 가로줄, 세로줄에 각각 하나씩만 나오게 넣어 주세요. 노란색 칸에는 짝수, 흰색 칸에는 홀수만 넣을 수 있습니다.

|   | 4 |   | 1 |   |   |
|---|---|---|---|---|---|
|   |   |   | 6 |   | 1 |
| 6 | 1 |   |   |   |   |
|   |   |   |   | 6 | 3 |
| 2 |   | 6 |   |   |   |
|   |   | 1 |   | 4 |   |

힌트를 주자면, 짝수들은 구구단 2단에 나옵니다.

TIME

# 10 큐브 세기

예시를 보면, 큐브 8개가 2×2×2 모양으로 쌓여 있습니다.

예:

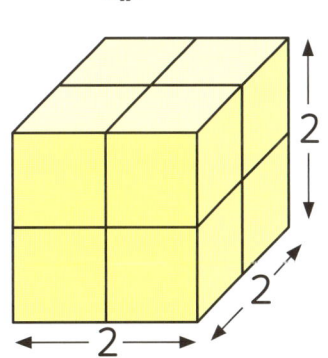

아래 문제를 보면 큐브가 몇 개 빠져 있습니다. 각각 몇 개의 큐브가 남아 있는지 확인하고 빈 줄에 답을 적어 주세요. 그리고 답을 더해서 큐브가 모두 몇 개인지 적어 주세요.

1.

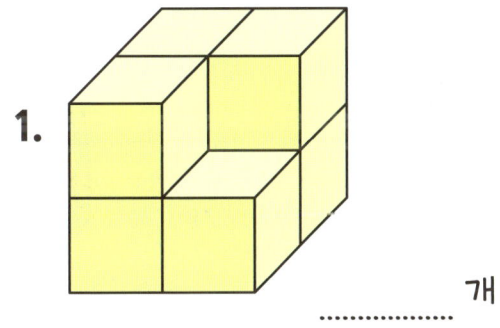

_____ 개

2.

3.

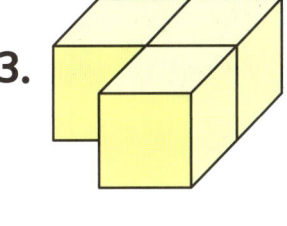

_____ 개              _____ 개

큐브는 모두 _____ 개입니다.

TIME

# 11 외계 행성에서 쇼핑하기

화성 마트에서 세일을 합니다. 화성에서만 구할 수 있는 귀한 상품들의 할인 후 가격을 계산해 주세요.

**특가 세일!**

1. 6 — 50% 할인
..................

2. 4 — 25% 할인
..................

3. 8 — 50% 할인
..................

4. 4 — 50% 할인
..................

5. 10 — 30% 할인
..................

할인 후 제일 싼 상품은:
..................

할인 후 제일 비싼 상품은:
..................

TIME

# 12 숫자의 길

빈칸에 1에서 16까지의 숫자를 채운 다음, 순서대로 모두 한 줄로 이어 주세요. 이음선은 가로, 세로 직각으로만 연결할 수 있습니다.

예:

|  |  |  |  |
|---|---|---|---|
| 10 | 9 | 8 | 1 |
| 11 | 12 | 7 | 2 |
| 16 | 13 |  | 3 |
| 15 | 14 | 5 | 4 |

1.

|  | 16 | 11 |  |
|---|---|---|---|
| 14 |  |  | 9 |
| 5 |  |  | 8 |
|  | 3 | 2 |  |

2.

|  |  |  |  |
|---|---|---|---|
|  | 9 | 14 |  |
|  | 8 | 7 |  |
|  |  |  |  |

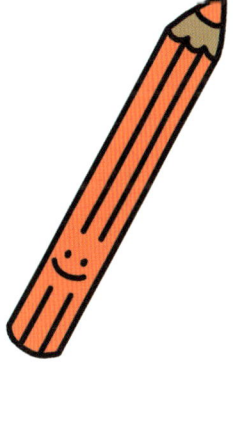

# 13 우주 망원경

두 그림을 보면 같은 자리에 있는 문제의 답이 다섯 개 빼고 모두 같습니다. 서로 답이 다른 다섯 문제를 찾아 주세요.

서로 다른 그림 다섯 개도 찾아 주세요.

# 14 스도쿠 영재

1에서 4까지의 숫자를 가로줄, 세로줄 그리고 2x2 퍼즐 안에 안 겹치게 넣어 주세요. 퍼즐 밖에 있는 수들은 그 줄에 있는 가장 가까운 두 숫자의 합을 의미합니다.

빨간 블록 왼쪽에 있는 수가 6이 되는 이유는, 2와 4를 더한 값이기 때문입니다.

예:

|   | 3 | 7 | 3 | 7 |   |
|---|---|---|---|---|---|
| 6 | 2 | 4 | 1 | 3 | 4 |
| 4 | 1 | 3 | 2 | 4 | 6 |
| 6 | 4 | 2 | 3 | 1 | 4 |
| 4 | 3 | 1 | 4 | 2 | 6 |
|   | 7 | 3 | 7 | 3 |   |

1.

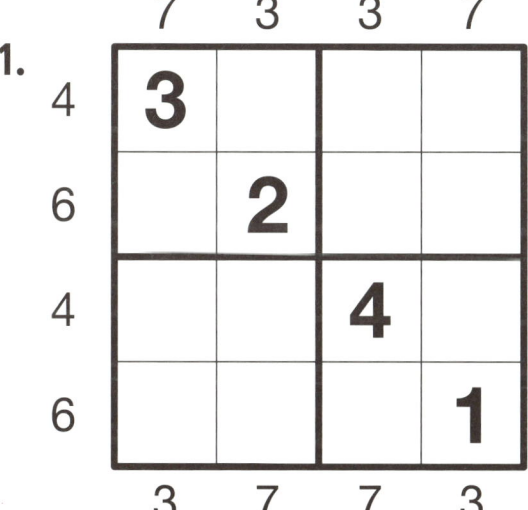

2.

# 15 수학의 벽

빈 벽돌 안에 1에서 5까지의 숫자를 넣어 벽을 완성해 주세요. 가로줄, 세로줄에는 같은 숫자가 들어가면 안 되고, 같은 벽돌 안에는 짝수와 홀수가 각각 1개씩 들어가면 됩니다. 예시를 보고 어떻게 문제를 풀지 생각해 보세요.

예:

| 4 | 3 | 2 | 5 | 1 |
|---|---|---|---|---|
| 5 | 1 | 4 | 3 | 2 |
| 1 | 4 | 3 | 2 | 5 |
| 3 | 2 | 5 | 1 | 4 |
| 2 | 5 | 1 | 4 | 3 |

# 16 '2'의 차이

1에서 4까지의 숫자를 가로줄, 세로줄에 겹치지 않도록 넣어 주세요. 두 상자 사이에 두꺼운 벽이 있으면, 숫자들의 차이가 2이어야 합니다. 예시를 보면, 3 - 1 = 2이기 때문에 3과 1이 붙어 있어요.

예:

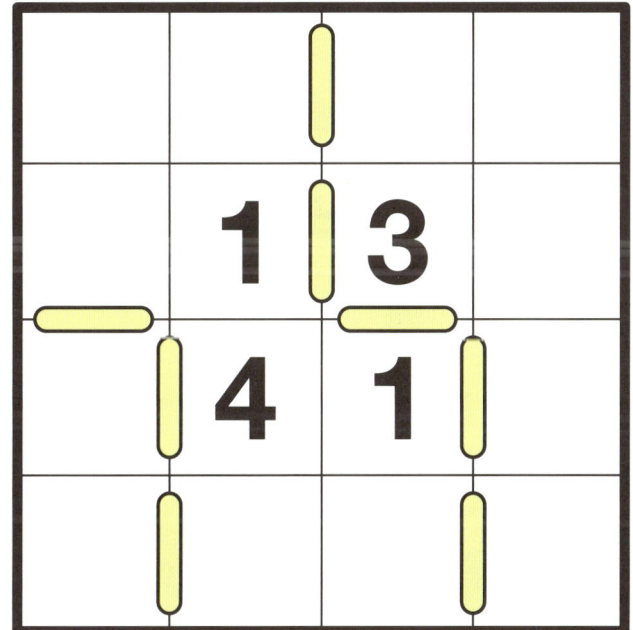

TIME

# 17 알파벳 번호

우리말로 적힌 숫자들이 있습니다. 숫자 위 빈 줄에는 작은 수에서 큰 수 순으로 A에서 H까지의 알파벳을 순서대로 적어 주세요. 아래 빈 줄에는 반대로 큰 수부터 작은 수 순으로 1에서 8까지의 숫자를 순서대로 적어 주세요.

예:

| B | D | A | C |
|---|---|---|---|
| 십이 | 구십 | 육 | 십팔 |
| 3 | 1 | 4 | 2 |

| | | | |
|---|---|---|---|
| 십오 | 칠십 | 삼십 | 이 |
| | | | |

| | | | |
|---|---|---|---|
| 구 | 오 | 팔십 | 십사 |
| | | | |

TIME

# 18  수열 찾기

규칙을 찾아 다음에 나올 숫자를 적어 주세요.

예:

    2    4    6    8    10    12        14

1. 4    7    10    13    16    19      ..........

2. 55    50    45    40    35    30      ..........

3. 99    88    77    66    55    44      ..........

4. 78    90    102    114    126   ..........   ..........

TIME

# 19 숫자 피라미드

피라미드의 빈칸에 알맞은 숫자를 적어 주세요. 각 칸에 들어갈 숫자는 아래 있는 두 칸의 합이어야 합니다.

아래 칸이 12와 8이므로 위 칸은 20이 됩니다.

예:

1.

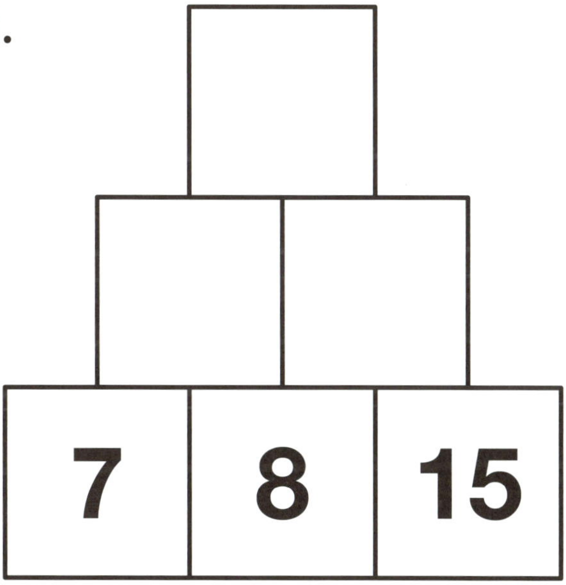


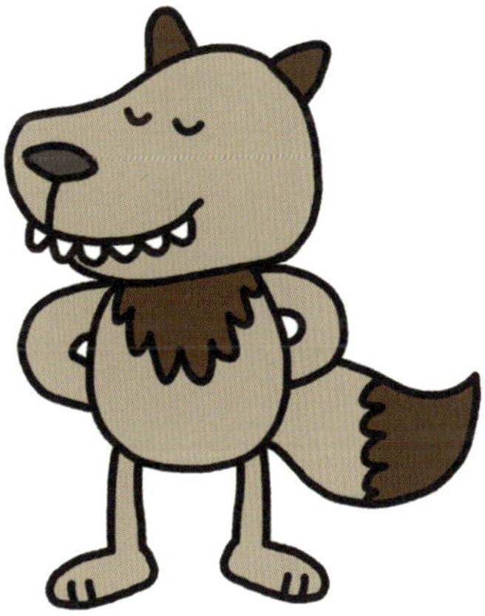

2.

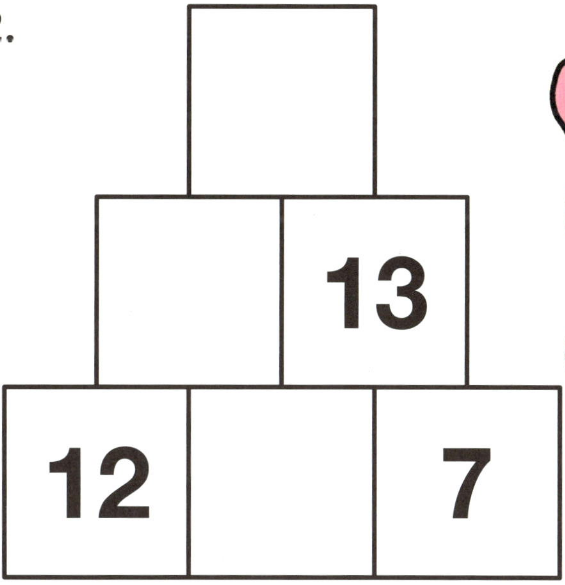


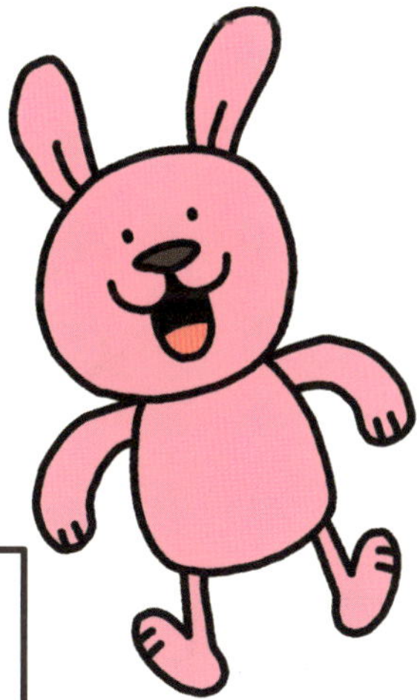

TIME

# 20 도형의 합

도형들의 이름은 각자 가지고 있는 변의 개수를 의미합니다.
아래 문제를 보고 빈 줄을 채워 주세요.

□ + △ + △ = ……

⬡ + ▯ + △ = ……

⬠ + ⬡ + ◇ = ……

TIME

# 21 섬세한 숫자들

가로줄, 세로줄에 1에서 6까지의 숫자가 겹치지 않게 모든 빈칸을 채워 주세요. 서로 붙어 있는 칸에는(대각선 포함) 같은 숫자가 있으면 안 됩니다.

예:

| 1 | 2 | 5 | 3 | 4 | 6 |
| 3 | 6 | 4 | 2 | 5 | 1 |
| 2 | 5 | 1 | 6 | 3 | 4 |
| 6 | 4 | 3 | 5 | 1 | 2 |
| 5 | 1 | 2 | 4 | 6 | 3 |
| 4 | 3 | 6 | 1 | 2 | 5 |

| 3 |   |   |   |   | 1 |
|   | 5 | 1 | 2 | 3 |   |
|   |   |   |   |   |   |
|   |   |   |   |   |   |
|   | 1 | 2 | 4 | 6 |   |
| 6 |   |   |   |   | 5 |

TIME

## 22 누가 더 클까?

가로줄, 세로줄에 1에서 3까지의 수가 한 번씩 나오도록 빈칸을 채워 주세요. 단, 크다 표시(>)가 다 맞아야 합니다.

크다 표시(>)는 항상 큰 숫자를 향해 있습니다. 예시를 보면, 3>1은 3이 1보다 크기 때문에 맞지만, 반대로 1>3은 틀렸어요.

예:

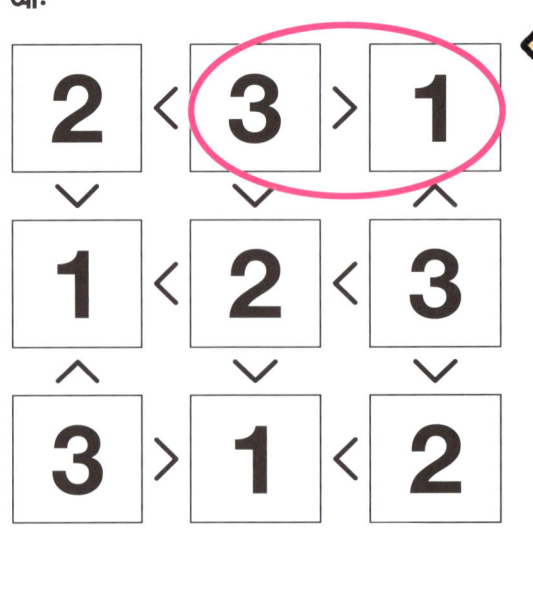

1.
2.

# 23 사각형 탐정

아래 그림에 숨어 있는 사각형은 몇 개나 될까요? 잘 살펴보세요. 그림 속 사각형들은 모양도 다르고 겹치는 것들도 있습니다.

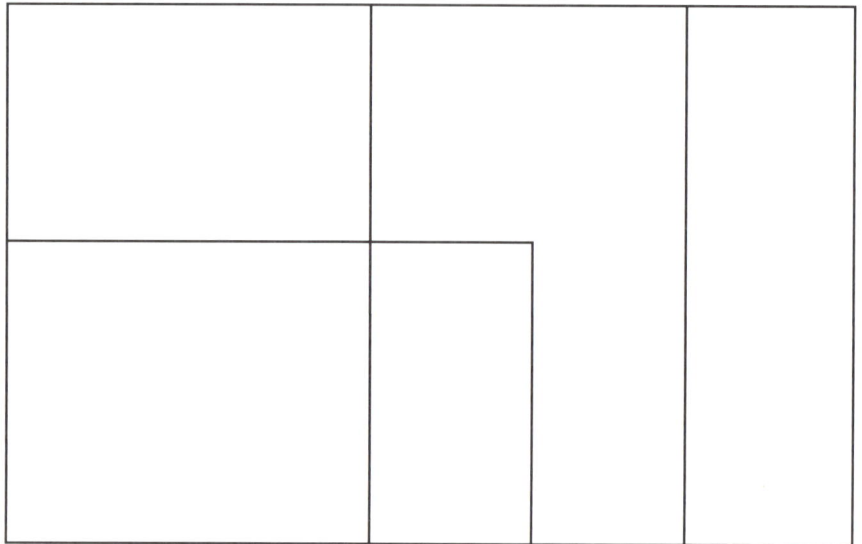

답을 적어 주세요:

............... 개

TIME

# 24 요일 맞히기

일주일이 어떤 요일로 이루어져 있는지 모두 알고 있습니다.
이 문제들을 풀어 주세요.

1. 오늘이 목요일이라면, 열흘 후는 무슨 요일일까요?

   ....................................................................

2. 이틀 후는 일요일입니다. 오늘은 무슨 요일일까요?

   ....................................................................

3. 이틀 전이 목요일보다 닷새 전이라면, 오늘은 무슨 요일일까요?

   ....................................................................

# 25 정육면체를 완성하라!

정육면체를 만들 수 있는 전개도는 단 하나입니다. 아래 보기 중에서 찾아 주세요.

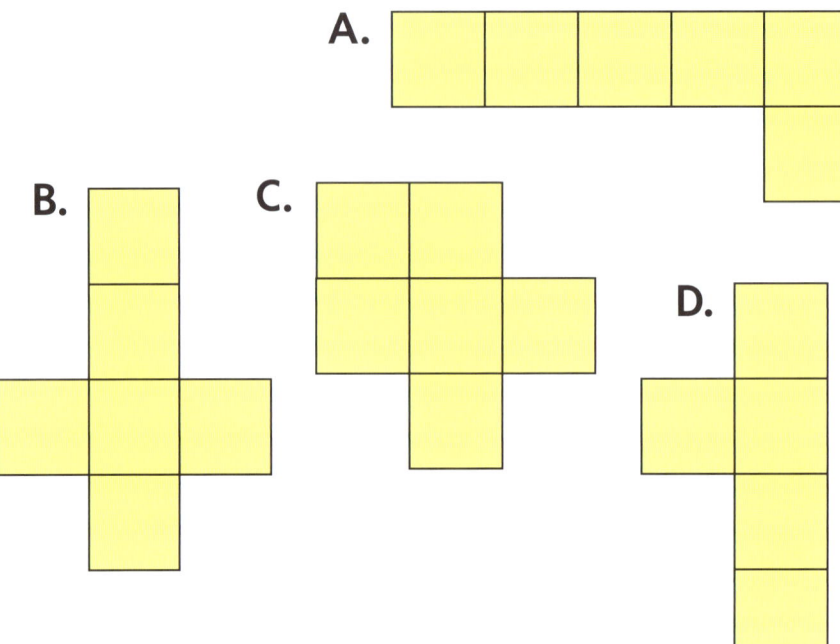

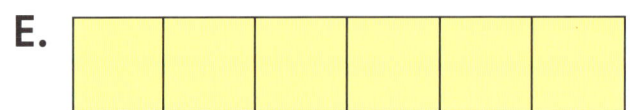

# 26 판 가르기

작은 점선 사각형이 모여 만들어진 큰 사각형이 있습니다. 점선 사각형을 보면 숫자가 적혀 있어요. 예시처럼 숫자만큼의 점선 사각형을 포함하는 작은 사각형을 만들어 주세요.

예:

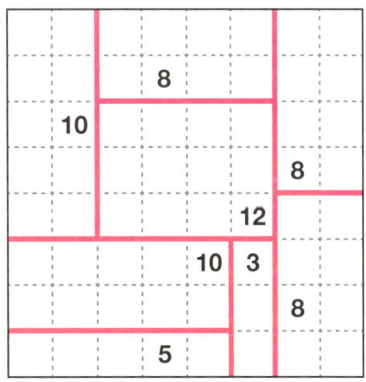

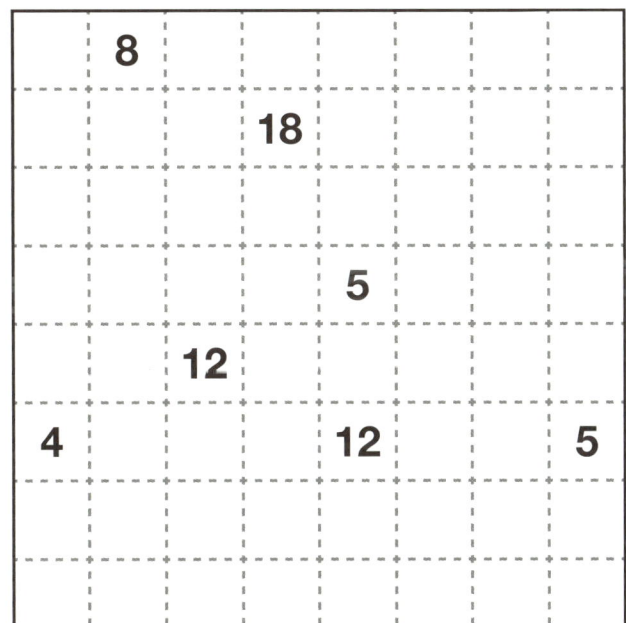

TIME

# 27 구구단 5단을 찾아라

5의 배수인 숫자 8개를 찾아 주세요.
조심하세요. 5의 배수가 아닌 숫자들도 있습니다.

TIME

## 28 더 떨어진 상자들

가로줄, 세로줄에 1에서 5까지의 숫자를 겹치지 않도록 넣어 주세요. 두 상자 사이에 두꺼운 벽이 있으면, 숫자들의 차이가 2이어야 합니다. 예시를 보면, 5 - 3 = 2이므로 5와 3이 붙어 있습니다.

예:

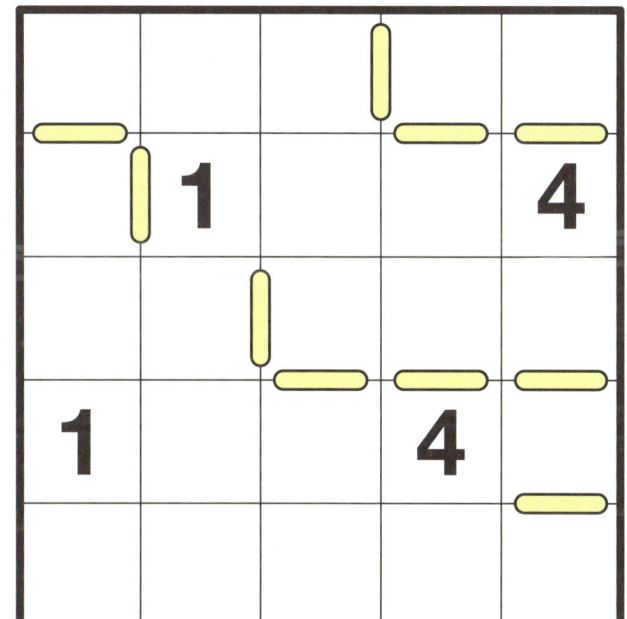

TIME

## 29 나이스 타이밍!

아래에서 서로 6시간 간격을 둔 시각끼리 선을 이어 주세요. 하나는 이미 이어져 있습니다.

몇몇은 오전이고, 나머지는 오후야.

오후 5시

오후 10시

오후 9시      오전 7시

오전 1시

오전 3시

오전 4시     오전 6시

오후 11시

오후 8시           오후 2시

오후 12시

TIME

# 30 짝꿍 찾기

괴물 친구들이 번호판을 들고 있습니다. 서로 3배수인 숫자를 가진 괴물끼리 짝꿍이 될 수 있어요. 괴물 친구들을 짝지어 주세요.

TIME

# 31 다트 맞히기

다트 화살 두 개를 던져 아래 문제의 답을 얻기 위해서는 안쪽 원과 바깥쪽 원에서 각각 어떤 숫자를 맞혀야 할까요? 예를 들어, 숫자 13을 만들려면 안쪽 원에서 3, 바깥쪽 원에서 10을 맞히면 돼요.

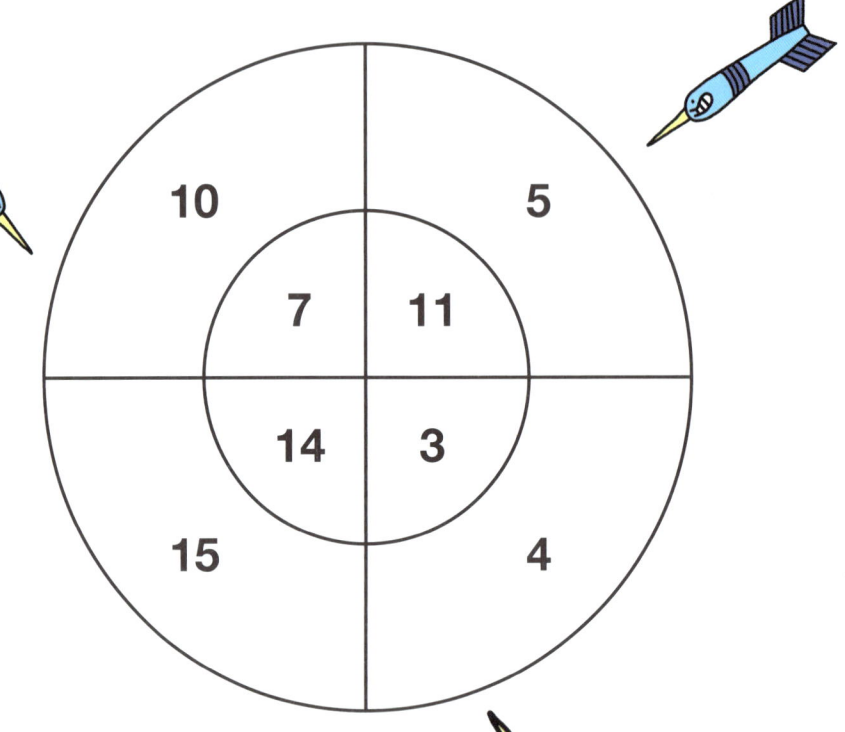

1. _____ + _____ = 12

2. _____ + _____ = 19

3. _____ + _____ = 26

TIME

# 32 더 많아진 큐브 세기

예시를 보면, 큐브 8개가 2×2×2 모양으로 쌓여 있습니다.

예:

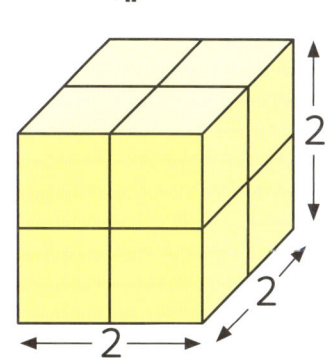

아래 문제를 보면, 큐브가 몇 개 빠져 있어요. 각각 몇 개의 큐브가 남아 있는지 확인하고 빈칸에 답을 적어 주세요. 그리고 답을 더해서 큐브가 모두 몇 개인지 적어 주세요.

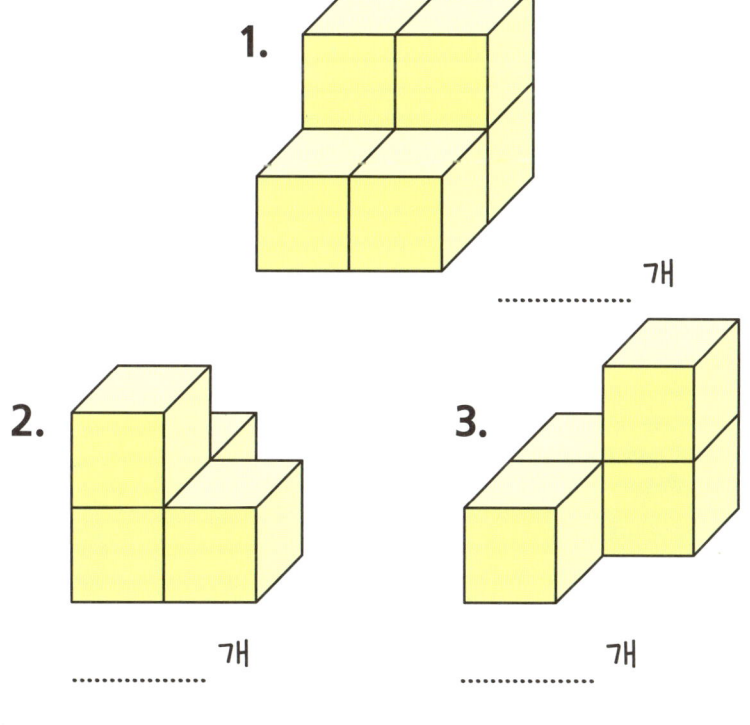

1. _____ 개

2. _____ 개

3. _____ 개

큐브는 모두 _____ 개 있습니다.

TIME

# 33 스도쿠 초보자

1에서 3까지의 숫자가 가로줄, 세로줄에 한 번씩 나오도록 넣어 주세요. 단, 굵은 선으로 그린 블록 안의 숫자들의 합이 왼쪽 위에 있는 숫자가 되어야 합니다. 예시를 보면, 빨간 블록 안의 1과 3의 합 4가 나오네요.

칸이 하나인 것부터 시작하세요.
합칠 게 없으니까
바로 쓸 수 있거든요.

예:

| 5 | 6 | 2 |
|---|---|---|
| 3 | 1 | 2 |
| 2 | 3 | 4<br>1 |
| 1<br>1 | 2 | 3 |

1.

| 1 | 6 | 3 |
|---|---|---|
| 5 |   |   |
|   |   | 3 |

2.

| 1 | 5 |   |
|---|---|---|
| 6 |   |   |
| 4 |   | 2 |

TIME

# 34 도전! 피라미드

피라미드의 빈칸에 알맞은 숫자를 적어 주세요.
빈칸에 들어갈 숫자는 아래 있는 두 칸의 합이어야 합니다.

예:

잘 모르겠다면,
위의 예시를 참고해 주세요.

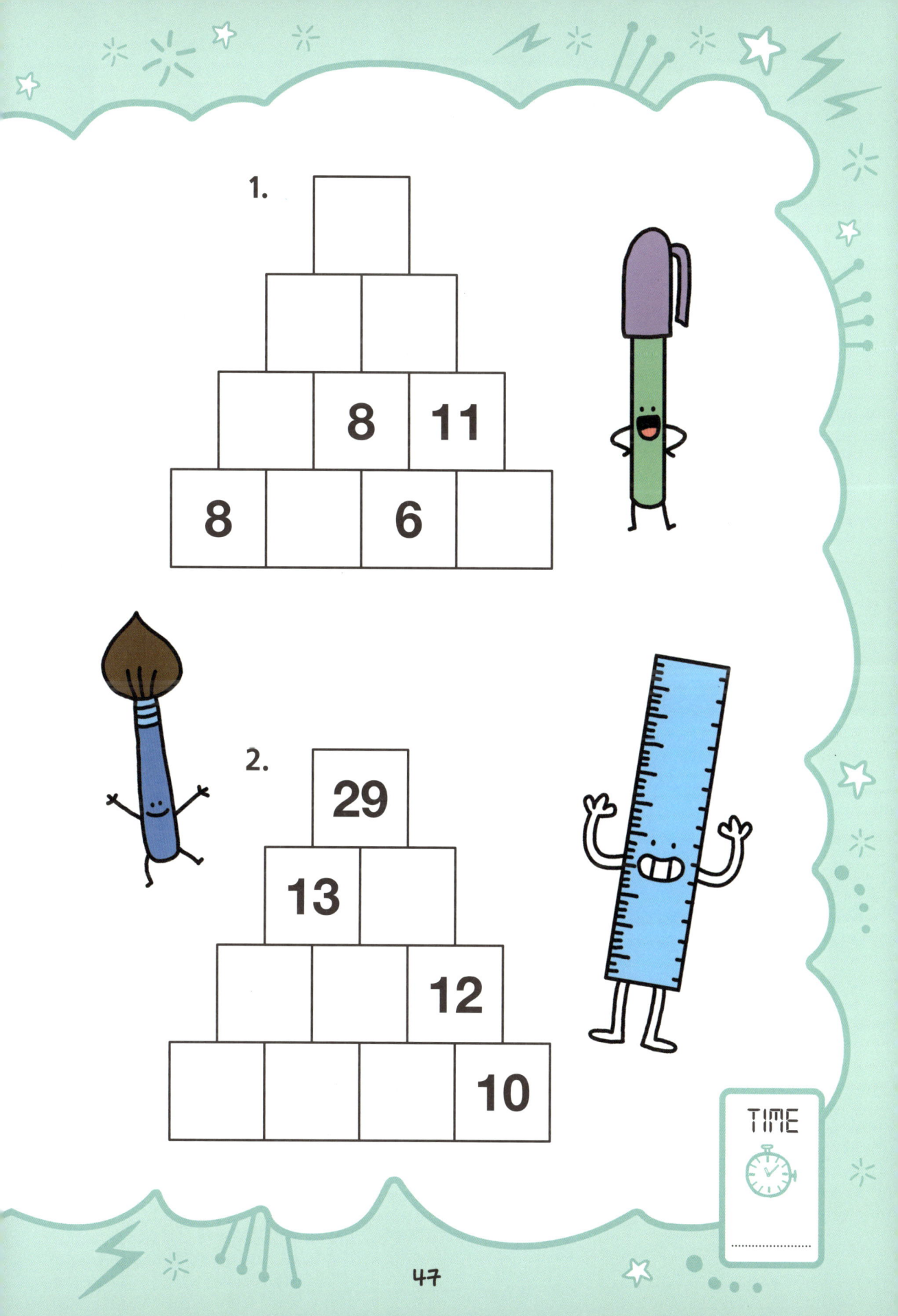

# 35 기호 찾기

빈칸에 알맞은 연산 기호를 넣어 주세요.

$+$  $-$  $\times$  $\div$

손풀기로 쉬운 문제들을 풀어 봅시다.

1. 5 ........ 5 = 10      2. 5 ........ 5 = 1

3. 5 ........ 5 = 25      4. 5 ........ 5 = 0

 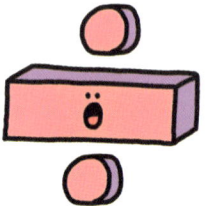

다음 문제들은 좀 더 어렵습니다.

5. 36 ........ 36 = 72     6. 99 ........ 10 = 109

7. 27 ........ 54 = 81     8. 24 ........ 8 = 3

9. 987 ........ 100 = 887  10. 350 ........ 7 = 50

## 36 동물 농장

돼지, 양, 닭은 각각 특정 숫자를 의미합니다. 아래 문제를 보고 동물들이 나타내는 숫자를 찾아 아래의 빈 줄에 적어 주세요.

 +  = 7

 +  = 10

 +  = 9

= ..................   = ..................   = ..................

# 37 과일 탐지기

과일들은 각자 숫자를 가지고 있습니다. 아래 문제의 답에 맞는 과일들을 골라 주세요. 예를 들어 7을 만들려면 바나나와 포도를 골라야 합니다.

1. _____ = 14

2. _____ = 16

3. _____ = 23

4. _____ = 27

TIME

# 38 스파이를 찾아라

괴물 친구들이 숫자를 들고 있어요. 하지만 이 중에 스파이가 있어요. 스파이를 찾고 그 이유도 함께 적어 주세요.

17  81  11  85  21  37  45  92  43  19

스파이는 _____ 입니다.
왜냐하면 _____ 때문입니다.

TIME

# 39 뒤죽박죽 시간

아래 시계에 시간을 더하거나 뺐을 때 몇 시인지 알 수 있나요? 빈 줄에 답을 적어 주세요.
오전, 오후도 구분해 주세요.

1. 오후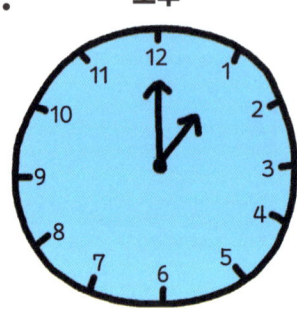

\+ 3시간 = ...............

2. 오후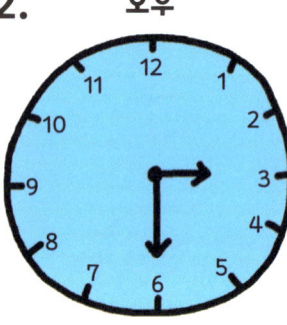

\+ 6시간 = ...............

3. 오전

\+ 12시간 = ...............

4. 오전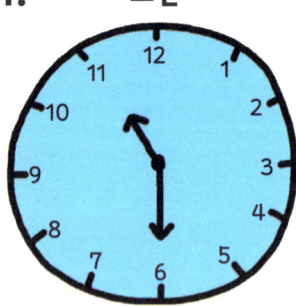

− 5시간 = ...............

5. 오전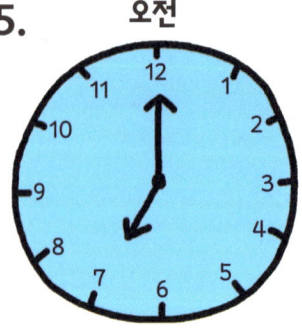

\+ 10시간 = ...............

# 40 줄줄이 계산

왼쪽부터 차례대로 계산해 보세요.
답은 빈 줄에 써 주세요.

예: 10 + 2 + 5 − 12 = __5__

1. 17 − 10 + 3 × 5 = _____

2. 25 ÷ 5 × 2 + 5 = _____

3. 50 − 10 ÷ 10 × 2 = _____

4. 9 + 2 × 5 + 101 = _____

TIME

# 41 외로운 숫자들

가로줄, 세로줄에 1에서 6까지의 숫자를 겹치지 않게 모든 빈칸을 채워 주세요. 이때 숫자 주변 (대각선 포함)에 같은 수가 있으면 안 됩니다.

예:

| 1 | 2 | 5 | 3 | 4 | 6 |
|---|---|---|---|---|---|
| 3 | 6 | 4 | 2 | 5 | 1 |
| 2 | 5 | 1 | 6 | 3 | 4 |
| 6 | 4 | 3 | 5 | 1 | 2 |
| 5 | 1 | 2 | 4 | 6 | 3 |
| 4 | 3 | 6 | 1 | 2 | 5 |

|   | 5 |   |   | 6 |   |
|---|---|---|---|---|---|
|   |   |   |   |   |   |
|   |   | 5 | 4 |   |   |
|   |   | 2 | 3 |   |   |
|   |   |   |   |   |   |
|   | 6 |   |   | 1 |   |

TIME

# 42 괴물 화폐

저 먼 곳에 괴물들의 도시가 있어요. 그들은 우리와 다른 'M'이라는 화폐를 쓰는데요, 아래 그림은 그들의 동전입니다.

1. 15M을 쓰기 위해서는 최소 몇 개의 동전이 필요할까요?

   ............................................

2. 35M을 쓰기 위해서는 최대 몇 개의 동전이 필요할까요?

   ............................................

3. 21M짜리 선물을 사면서 10M짜리 동전으로 지불했다면, 거스름돈으로 최소 몇 개의 동전을 받을 수 있을까요?

   ............................................

# 43 길 찾기

1에서 25까지의 숫자를 빈칸에 채운 다음, 순서대로 모두 한 줄로 이어 주세요. 이음선은 가로, 세로, 직각으로만 연결할 수 있습니다.

예:

| 21 | 20 | 5  | 4  | 3  |
|----|----|----|----|----|
| 22 | 19 | 6  | 7  | 2  |
| 23 | 18 | 17 | 8  | 1  |
| 24 | 15 | 16 | 9  | 10 |
| 25 | 14 | 13 | 12 | 11 |

1.

| | 24 | | 4 | |
|---|---|---|---|---|
| 22 | 21 | | 5 | 2 |
| | | | | |
| 18 | 15 | | 9 | 10 |
| | 16 | | 12 | |

냠!

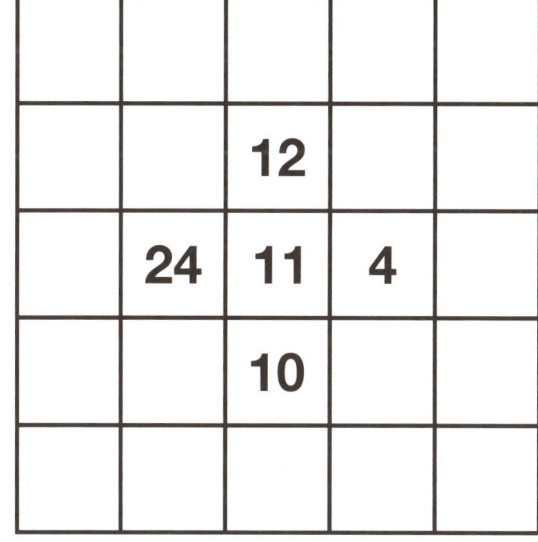

2.

| | | | | |
|---|---|---|---|---|
| | | 12 | | |
| | 24 | 11 | 4 | |
| | | 10 | | |
| | | | | |

TIME

# 44 짱짱 벽돌

가로줄, 세로줄에 1에서 5까지의 숫자가 겹치지 않게 모든 빈칸을 채워 주세요. 단, 2×1 벽돌 안에는 짝수와 홀수가 각각 하나씩 있어야 합니다. 예시를 봐 주세요.

예:

| 4 | 3 | 2 | 5 | 1 |
|---|---|---|---|---|
| 5 | 1 | 4 | 3 | 2 |
| 1 | 4 | 3 | 2 | 5 |
| 3 | 2 | 5 | 1 | 4 |
| 2 | 5 | 1 | 4 | 3 |

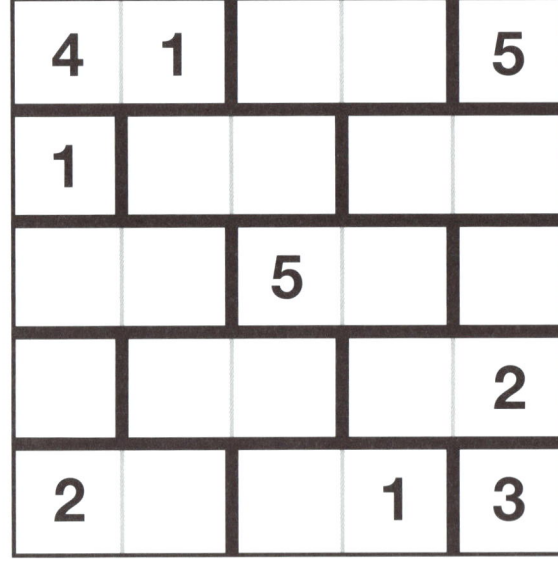

# 45 도형을 찾아라

연필이 아닌 눈으로 아래 숫자의 순서대로 줄을 이어 주세요.
어떤 도형이 나올까요? 예시를 봐 주세요.

•1     •2     •3

•4     •5     •6

•7     •8     •9

**예:**
1 → 2 → 5 → 4 → 1 = 사각형

1. 7 → 3 → 9 → 7 = ....................

2. 8 → 2 → 3 → 9 → 8 = ....................

3. 4 → 2 → 6 → 9 → 7 → 4 = ....................

TIME

# 46 분수 짝 만들기

분수들의 합이 1이 되도록 두 개씩 서로 짝을 지어 주세요.

$\frac{1}{4}$　$\frac{2}{4}$　$\frac{3}{9}$　$\frac{3}{4}$　$\frac{1}{2}$　$\frac{2}{3}$

TIME

# 47 큐브 만들기

아래의 전개도 중에서 접었을 때 단 하나만 정육면체가 만들어집니다. 어떤 것일까요?

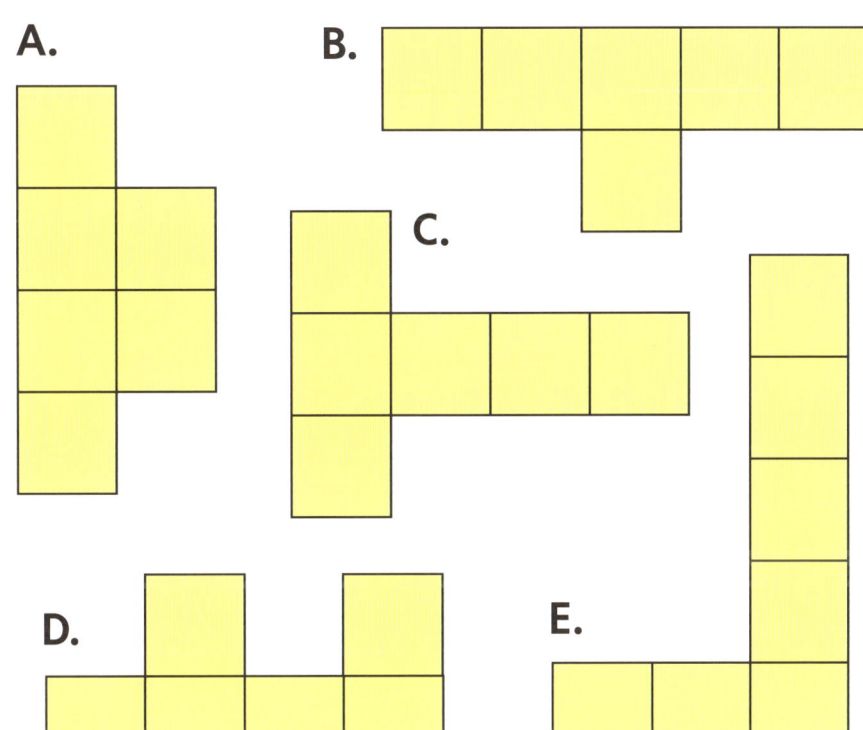

# 48 보물찾기

숨겨진 반지들을 찾아 주세요.
반지들은 빈칸에 하나씩 있어요.
숫자들은 그 주변에 있는 반지의 수를 의미합니다.

예:

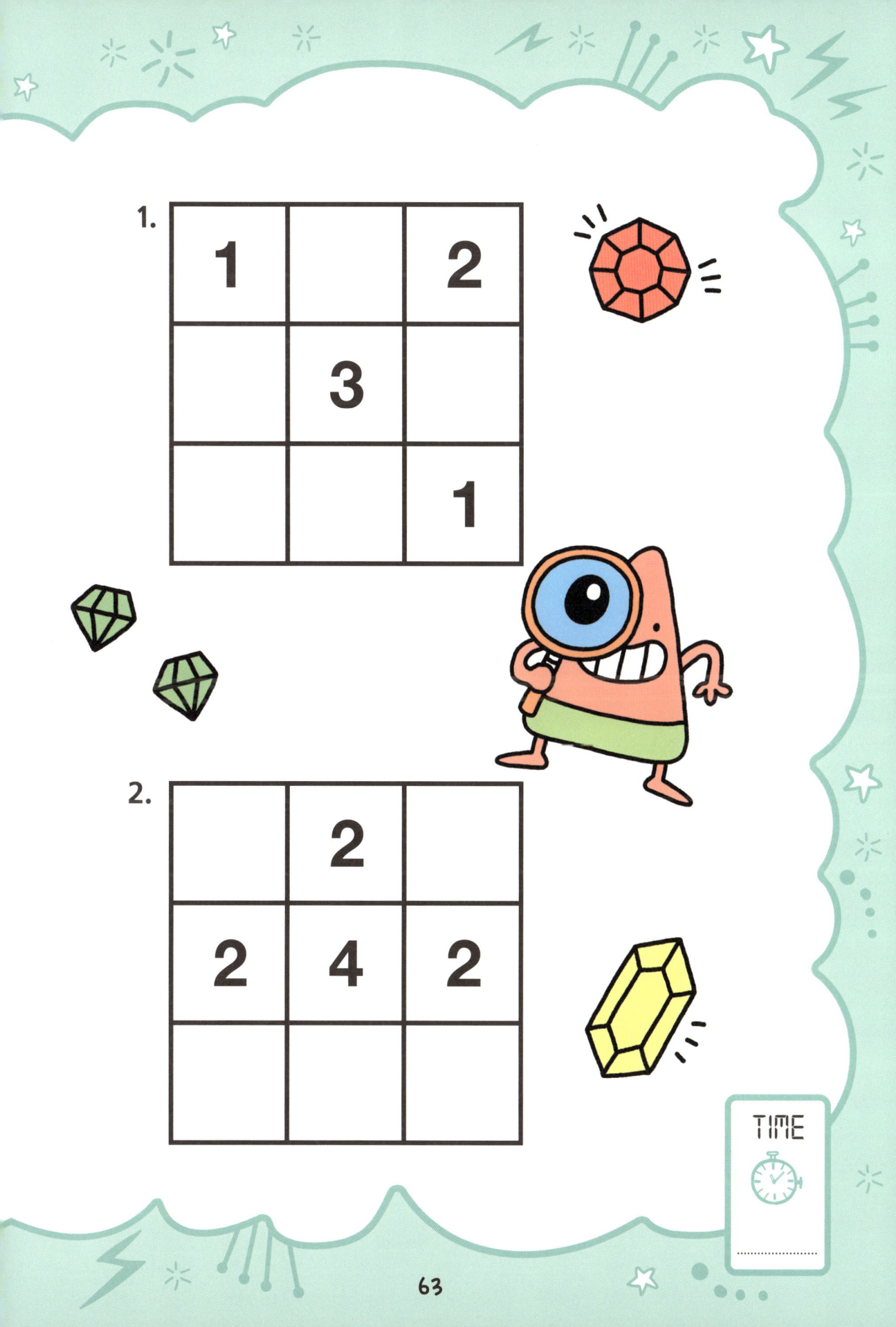

# 49 변 계산기

도형을 보고 아래의 식을 풀어 주세요.
도형의 이름은 자신이 가지고 있는 변의 개수를 말합니다.

⬡ + ☆ + △ = ..............

☆ + ☆ + ☆ = ..............

☆ - △ - ⬠ = ..............

# 50 바다 친구들

바다에 사는 해양 생물 친구들이 번호를 들고 있네요. 줄을 이어서 자신의 5배인 값의 숫자를 가지고 있는 친구와 짝 지어 주세요.

TIME

# 51 재미있는 그래프

가로줄, 세로줄에 1에서 3까지의 숫자가 한 번씩 나오도록 빈칸을 채워 주세요. 단, 크다 표시(>)가 맞아야 합니다.

크다 표시(>)는 항상 큰 숫자를 향하고 있어요. 예를 들면, 2>1은 2가 1보다 크기 때문에 맞지만, 반대로 1>2는 틀린 거예요.

예:

| 1 | 3 | 2 |
|---|---|---|
| 2 | 1 | 3 |
| 3 > | 2 | 1 |

## 52 몇 살일까?

친구들의 나이를 맞혀 볼까요?

1. 동찬이는 지금 7살입니다. 5년 후에는 몇 살일까요?
   ................................ 살

2. 창민이는 작년 6월, 6번째 생일이 지났습니다.
   내년 9월에는 몇 살일까요?
   ................................ 살

3. 4년 후 도리의 나이는 지금 자기 나이의 2배가 됩니다.
   그렇다면 도리는 현재 몇 살일까요?
   ................................ 살

## 53 만지지 마!

가로줄, 세로줄에 1에서 7까지의 숫자가 겹치지 않게 모든 빈칸을 채워 주세요. 이때 숫자 주변 (대각선 포함)에 같은 수가 있으면 안 됩니다.

예:

| 3 | 1 | 7 | 6 | 4 | 5 | 2 |
|---|---|---|---|---|---|---|
| 6 | 4 | 2 | 5 | 7 | 3 | 1 |
| 5 | 7 | 3 | 1 | 2 | 6 | 4 |
| 2 | 6 | 5 | 4 | 3 | 1 | 7 |
| 7 | 3 | 1 | 2 | 5 | 4 | 6 |
| 1 | 5 | 4 | 7 | 6 | 2 | 3 |
| 4 | 2 | 6 | 3 | 1 | 7 | 5 |

|   |   |   | 3 |   | 6 |   |
|---|---|---|---|---|---|---|
|   |   |   |   |   |   |   |
| 5 | 1 |   |   |   | 4 | 2 |
|   |   |   |   |   |   |   |
| 6 | 4 |   |   |   | 7 | 1 |
|   |   |   |   |   |   |   |
|   |   |   | 6 |   | 5 |   |

TIME

## 54 대륙을 갈라 보자

작은 점선 사각형이 모여 만들어진 큰 사각형이 있습니다. 점선 사각형을 보면 숫자가 적혀 있어요. 예시처럼 숫자만큼의 점선 사각형을 포함하는 작은 사각형을 만들어 주세요.

예:

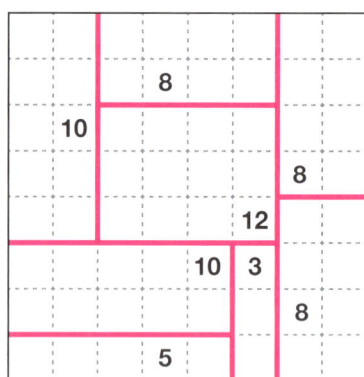

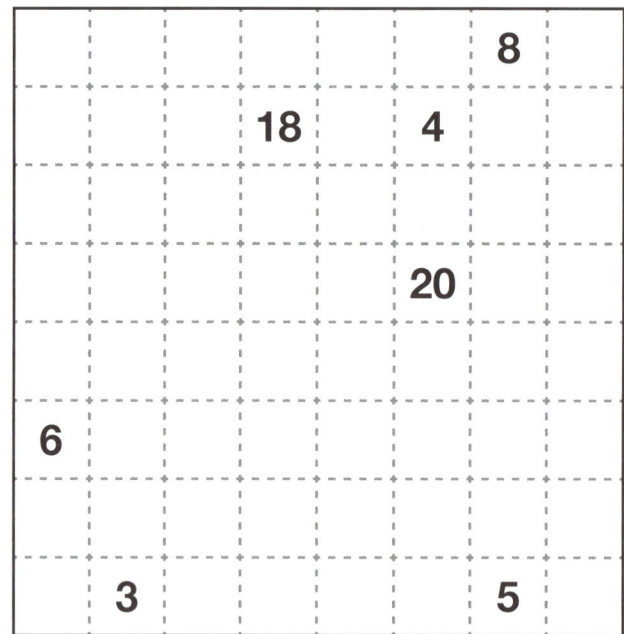

TIME

# 55 외계인 마트

3의 배수인 숫자 8개를 찾아 주세요.
조심하세요. 그림 속에는 3의 배수가 아닌 숫자들도 있습니다.

# 56 피라미드를 채우자

피라미드에 있는 빈칸에 알맞은 숫자를 적어 주세요. 각 칸의 숫자는 바로 아래 있는 두 칸의 합이어야 합니다.

예:

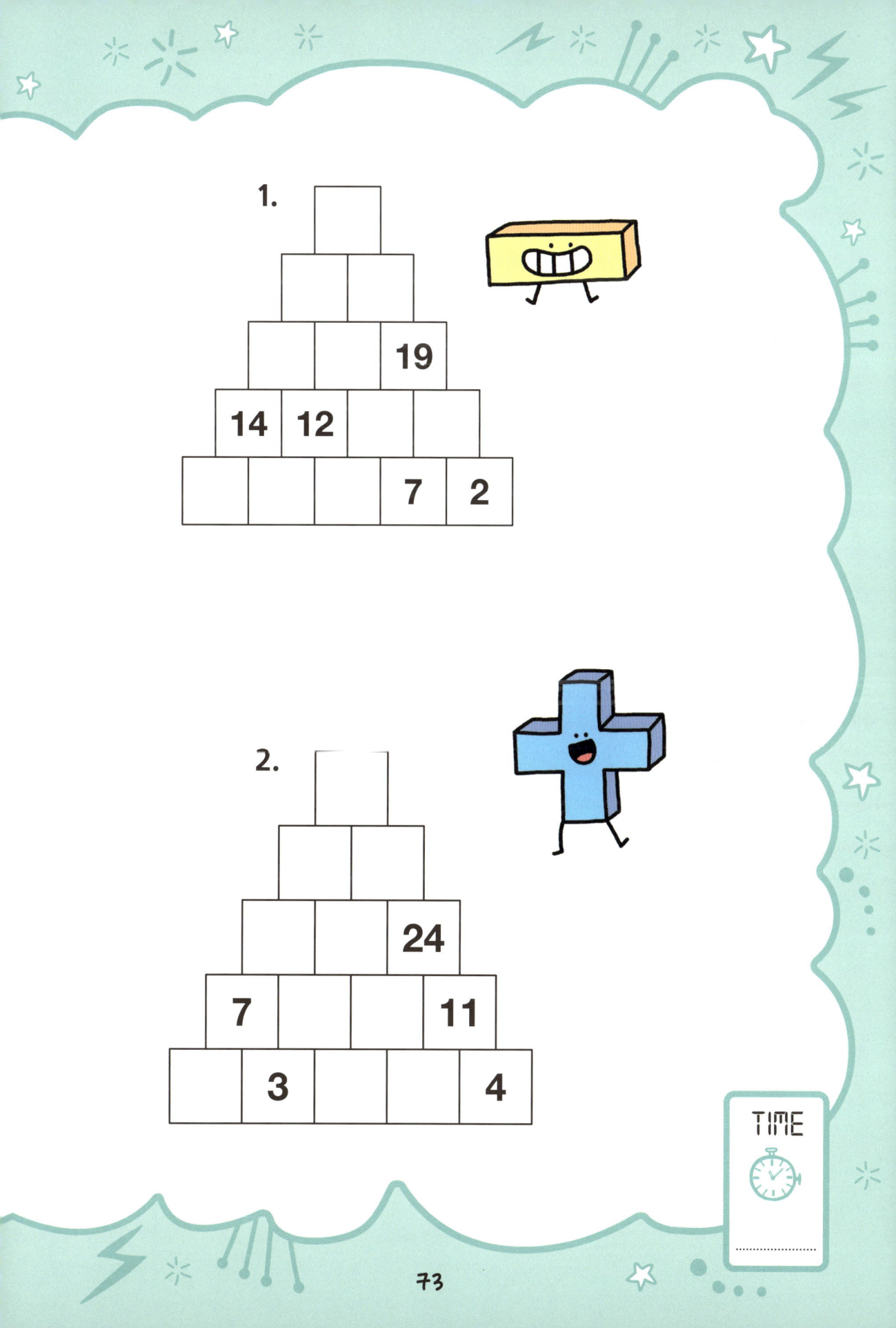

## 57 큐브 깨기

예시를 보면, 큐브 18개가 3×2×3 모양으로 쌓여 있습니다.

예:

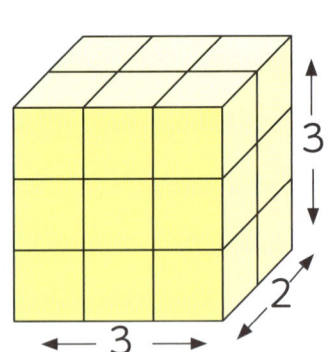

아래 문제를 보면, 큐브가 몇 개 빠져 있어요. 각각 몇 개의 큐브가 남아 있는지 확인하고 빈 줄에 답을 적어 주세요. 그리고 답을 더해서 큐브가 모두 몇 개인지 적어 주세요.

1. ............ 개

2. ............ 개

큐브는 모두 ............ 개입니다.

TIME

# 58 도형 셜록

아래는 4개의 다각형을 겹쳐 놓은 그림입니다. 어떤 모습의 다각형인지 찾아 주세요. 똑같은 다각형이 여러 개 있을 수도 있습니다.

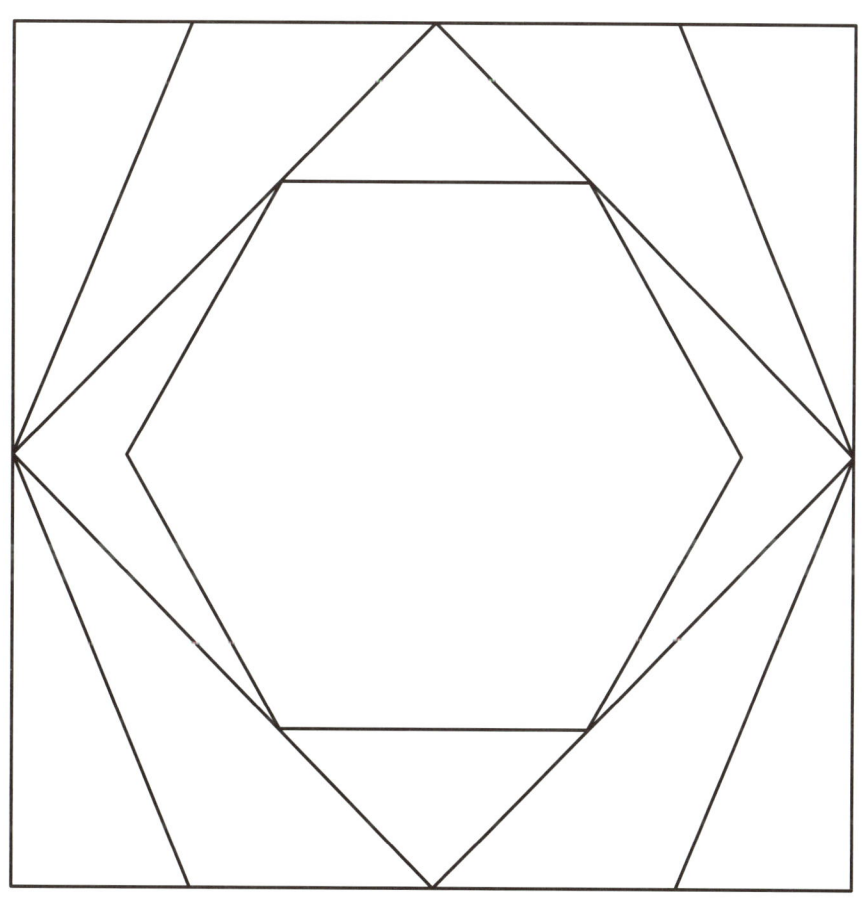

### 내가 찾은 다각형들

.................................................  .................................................

.................................................  .................................................

TIME

# 59 계산할 것이 안 줄어!

왼쪽부터 차례대로 계산하세요.
답은 빈칸에 적어 주세요.

예:

12 + 3 + 6 − 10 = __11__

1. 25 − 8 + 10 − 15 = _____

2. 24 ÷ 2 × 3 − 6 = _____

3. 99 − 10 + 1 ÷ 10 × 3 = _____

4. 64 ÷ 8 × 5 − 7 + 66 = _____

TIME

# 60 머나먼 미래

문제마다 시간이 2개씩 적혀 있어요.
더 긴 시간을 찾아 주세요.

1. 90초                2분

2. $\frac{1}{2}$분            45초

3. 1과 $\frac{1}{2}$시간      80분

4. 3주                20일

5. 1일                25시간

## 61 몬스터 백화점

몬스터 백화점에서 빅 세일 중입니다. 할인 후 가격이 가장 싼 상품과 가장 비싼 상품을 찾아 주세요.

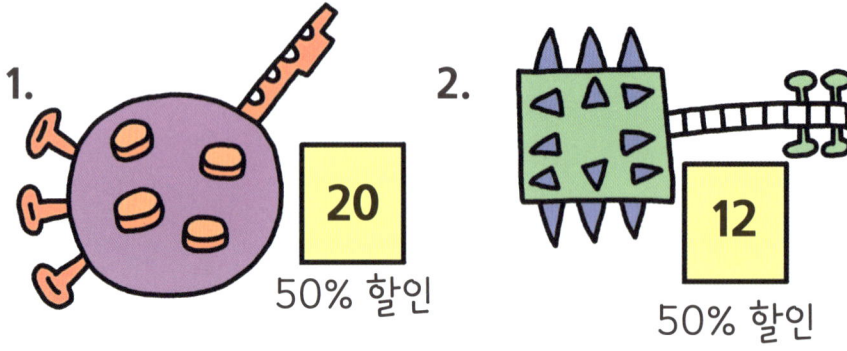

1. 20  50% 할인
2. 12  50% 할인

3. 25% 할인  12
4. 50% 할인  18

5. 16  25% 할인

할인 후 제일 싼 상품은: ....................

할인 후 제일 비싼 상품은: ....................

TIME

## 62 이번에는 셋 떨어졌네

가로줄, 세로줄에 1에서 6까지의 숫자가 겹치지 않게 모든 빈칸을 채워 주세요. 두 상자 사이에 두꺼운 벽이 있으면, 숫자들의 차이가 3이어야 합니다.
예시를 보면, 4 - 1 = 3이므로 4와 1이 붙어 있어요.

예:

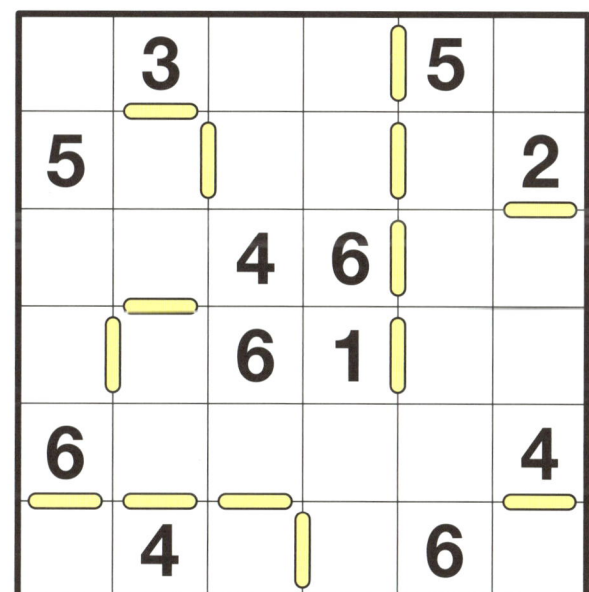

TIME

# 63 스도쿠 고수

가로줄, 세로줄에 1에서 4까지의 숫자가 겹치지 않게 모든 빈칸을 채워 주세요. 단, 굵은 선으로 그린 블록 안 숫자들의 합이 왼쪽 위에 있는 숫자가 되어야 합니다. 예를 보면, 블록 안의 4와 2의 합 6이 나오네요.

칸이 하나인 것부터 시작하세요. 합칠 게 없으니까 바로 쓸 수 있거든요.

예:

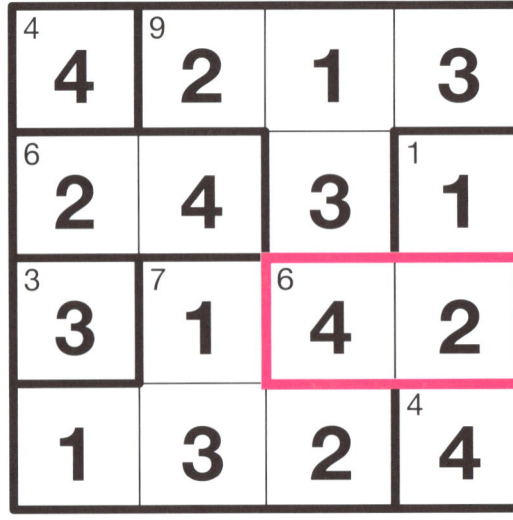

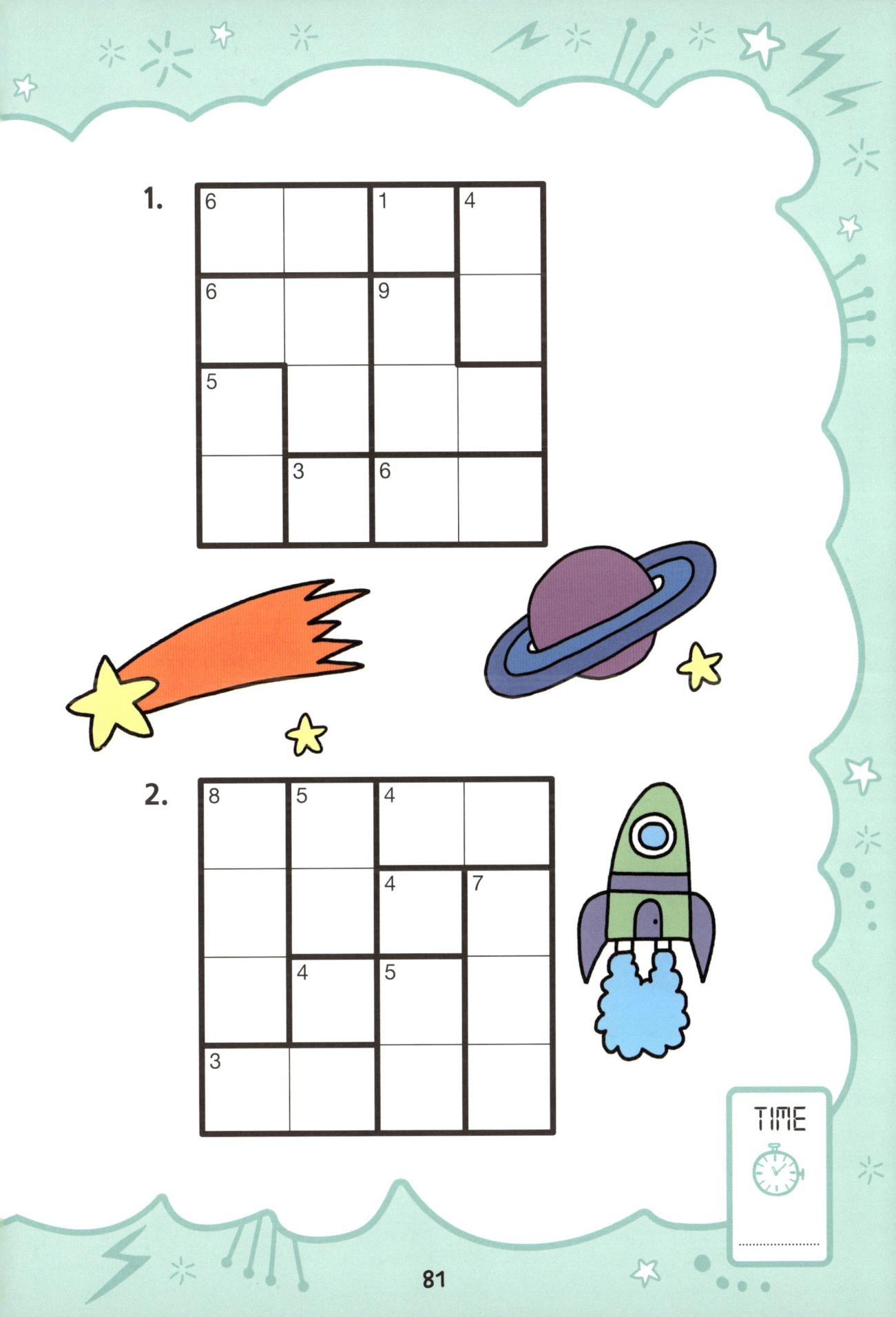

## 64 이 과일은 얼마일까?

과일들은 각각 다른 숫자를 의미해요. 아래의 식을 보고
과일들이 나타내는 숫자를 찾아 빈 줄에 답을 적어 주세요.

 +  = 3

 +  = 5

 +  = 6

 +  = 7

= _____　= _____　= _____　= _____

TIME

# 65 3의 비밀

아래에 9개의 수가 있어요. 3의 배수인 수는 동그라미, 3의 배수가 아닌 수는 선으로 이어 주세요.
어떤 수가 3의 배수라면, 각각의 숫자를 더했을 때 3의 배수가 나옵니다. 예를 들면, 5+6+7=18이고, 18은 3의 배수이므로 567은 3의 배수가 맞아요. 하지만, 3+5+9=17이고, 17은 3의 배수가 아니므로 359는 3의 배수가 아닌 거죠.

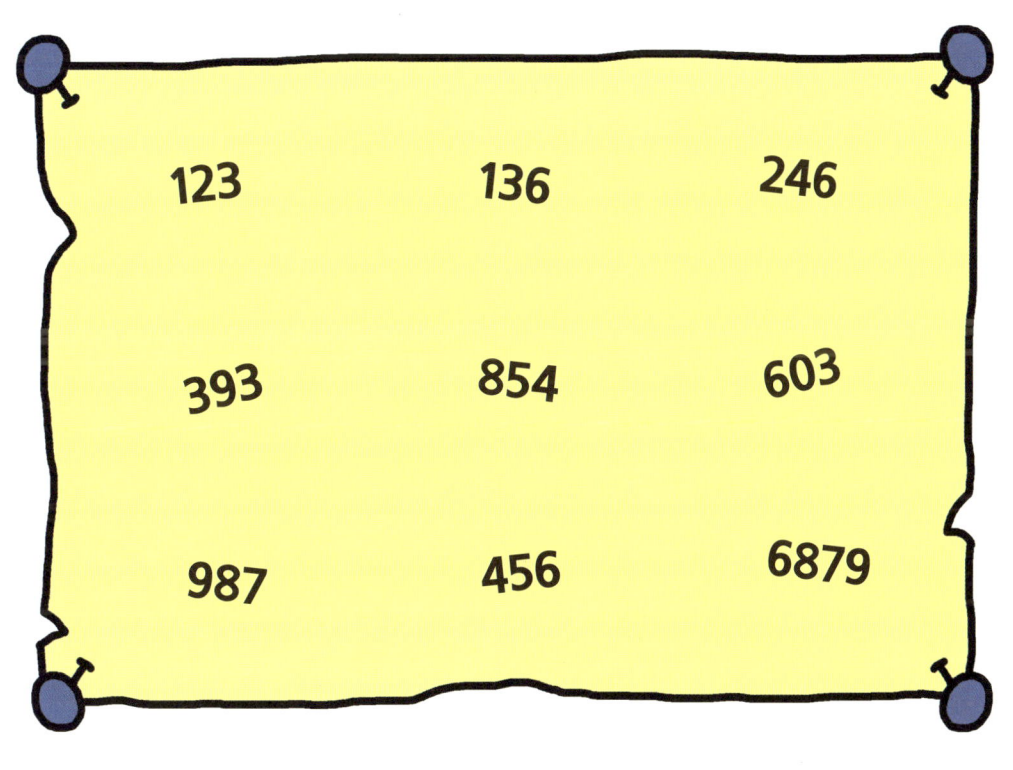

TIME

# 66 컵케이크 계산기

숫자가 적힌 컵케이크가 있어요. 각 쟁반에도 숫자가 적혀 있습니다. 숫자 컵케이크의 합이 쟁반에 적힌 숫자가 되도록 담아 주세요. 한 쟁반에 같은 컵케이크를 담을 수 없습니다.

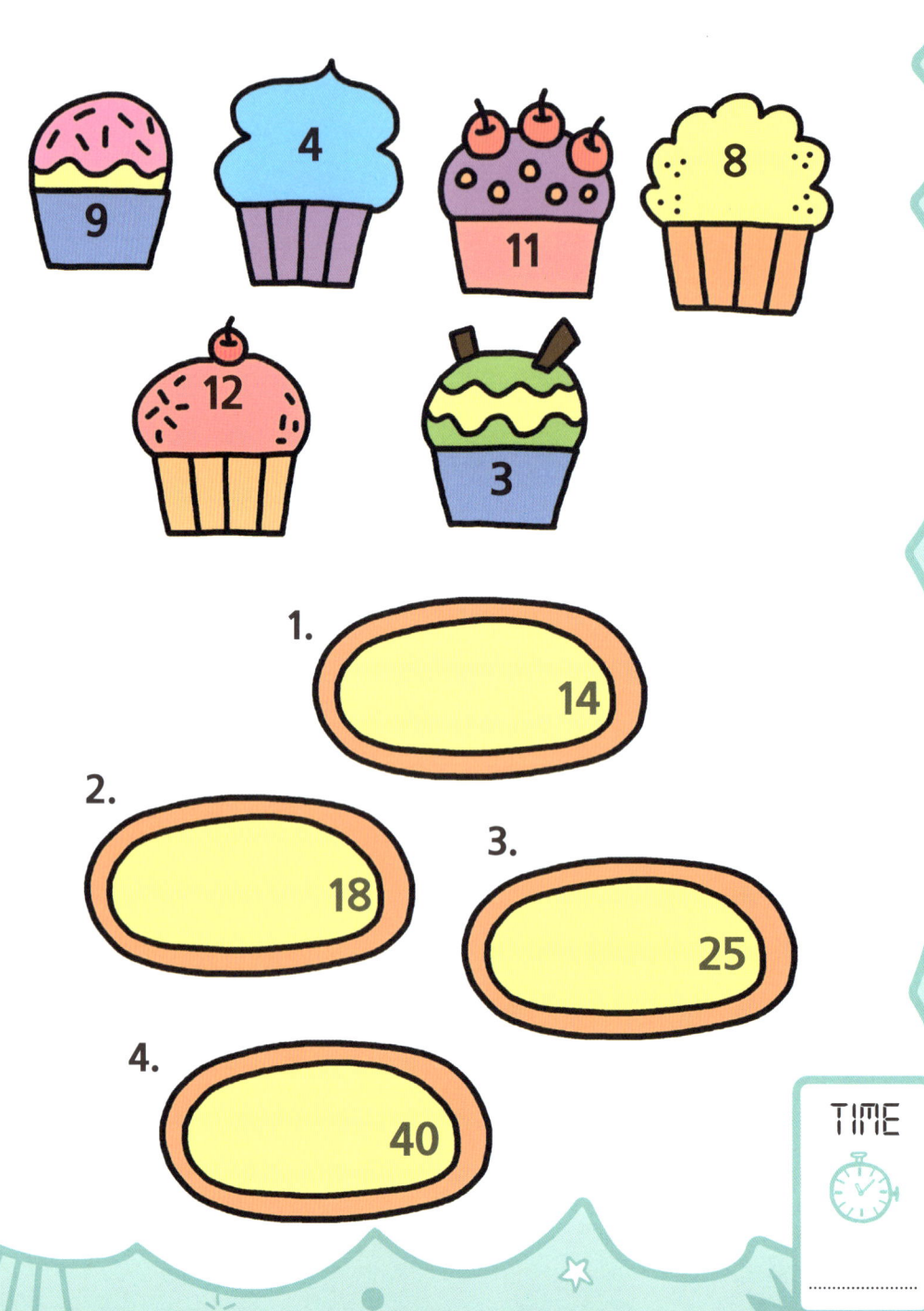

# 67 괴물 친구의 모험

괴물 친구가 미로를 지나 자동차를 탈 수 있도록 도와주세요. 도착한 뒤 지나간 길에 있는 숫자들을 더한 답을 빈 줄에 적어 주세요.

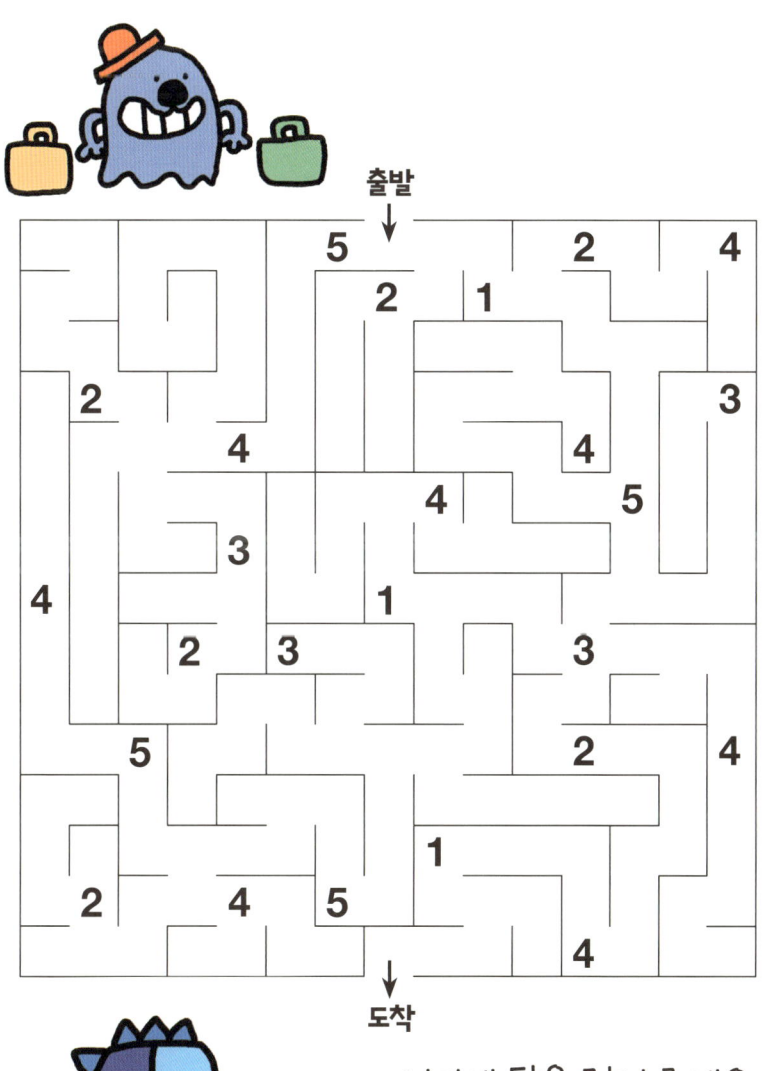

여기에 답을 적어 주세요:

......................................................

## 68 숨은 사각형 찾기

아래 그림에 직사각형이 몇 개 있을까요? 차근차근 잘 살펴보세요. 겹치는 것도 있고 크기가 다른 것도 있습니다. 제일 큰 직사각형도 잊지 마세요.

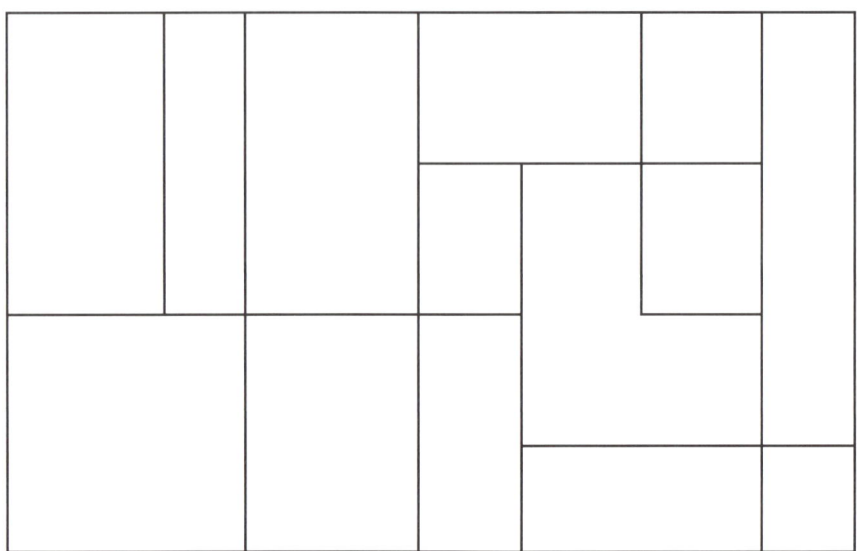

답을 적어 주세요.

............... 개

TIME

# 69 다트를 던져 보자

다트 화살 두 개를 던져 아래 문제의 답을 얻기 위해서는 안쪽 원과 바깥쪽 원에서 각각 어떤 숫자를 맞혀야 할까요? 예를 들어, 숫자 9를 만들려면 안쪽 원에서 7, 바깥쪽 원에서 2를 맞히면 돼요.

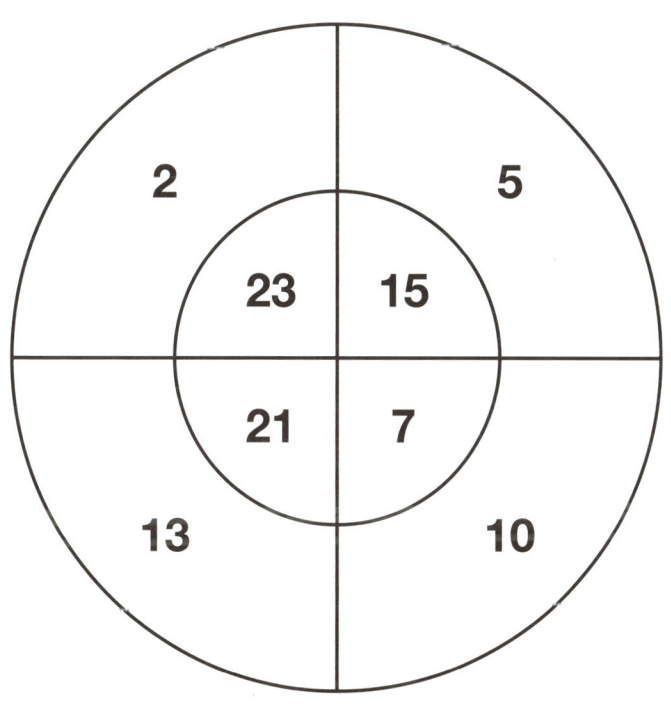

1. _____ + _____ = 23

2. _____ + _____ = 33

3. _____ + _____ = 34

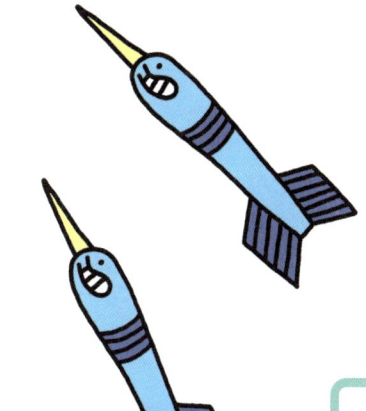

TIME

# 70 괴물 식의 숨은 오답 찾기

두 그림을 보면 같은 자리에 있는 문제의 답이 다섯 개 빼고 모두 같습니다. 서로 답이 다른 다섯 문제를 찾아 주세요.

다 찾았으면 양쪽에서 서로 다른 그림 다섯 개도 찾아 주세요.

# 71 크고 더 크고

가로줄, 세로줄에 1에서 4까지의 숫자가 겹치지 않게 모든 빈칸을 채워 주세요.
단, 크다는 기호(>)에 맞게 숫자를 넣어야 해요.

'크다'는 기호 '>'는 항상 큰 숫자를 향해 있습니다. 예를 들면, 3>2는 3이 2보다 크기 때문에 맞지만, 반대로 2>3은 틀렸어요.

예:

| 3 > 2 | 1 | 4 |
| 1 | 4 | 3 | 2 |
| 2 > 1 | 4 > 3 |
| 4 > 3 | 2 | 1 |

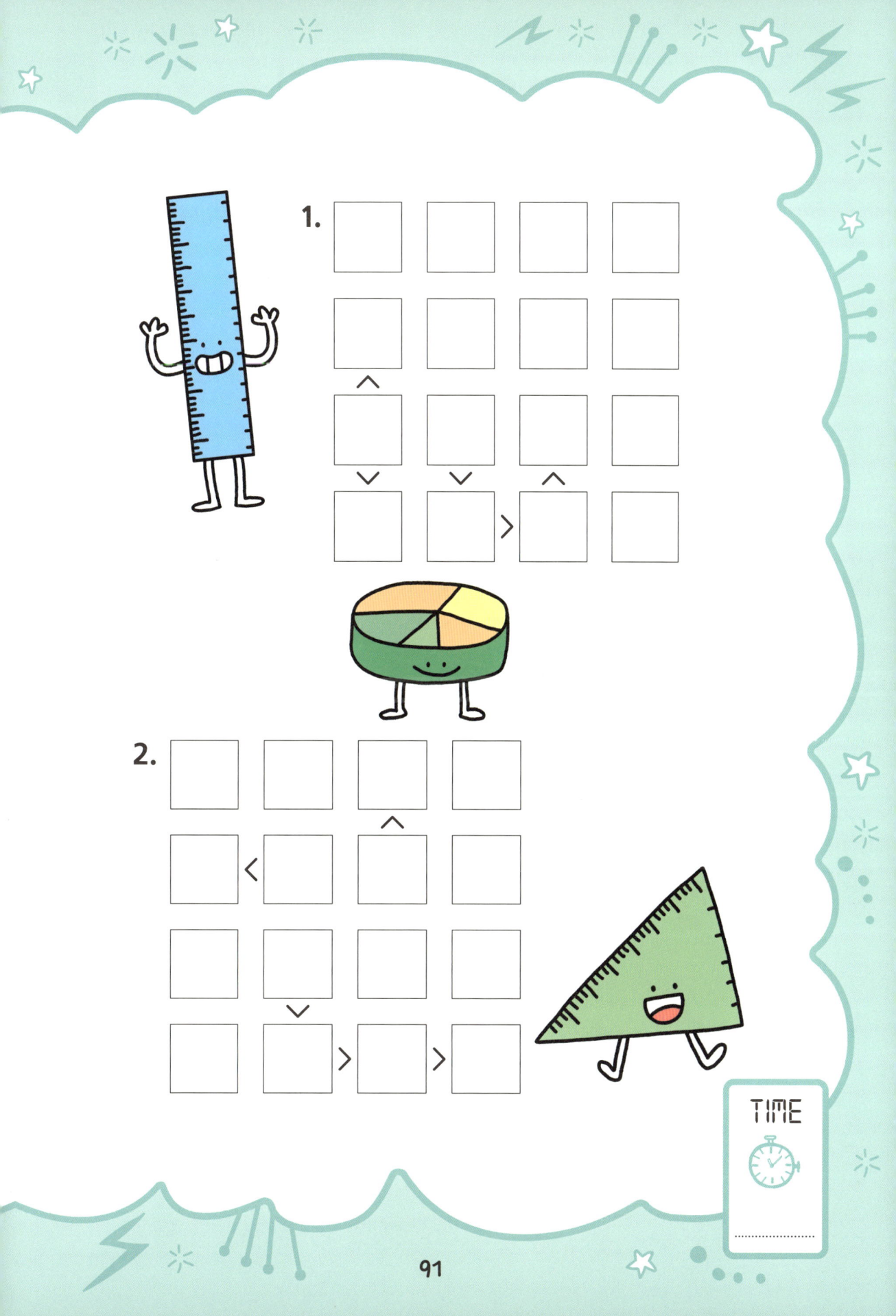

# 72 잃어버린 규칙

아래의 수열들은 일정한 규칙으로 만들어졌습니다. 예시를 보면, 규칙은 +2에요. 왜냐하면, 1+2=3, 3+2=5…이기 때문입니다. 나머지 수열들의 규칙을 찾아 주세요.

예:   1      3      5      7      9      11

규칙: + 2

1. 99    87    75    63    51    39

규칙:

2. 5    11    17    23    29    35

규칙:

3. 34    30    26    22    18    14

규칙:

4. 2    4    8    16    32    64

규칙:

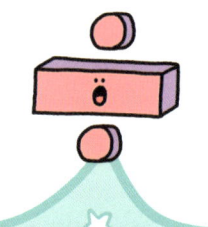

TIME

# 73 두뇌 키우기

왼쪽부터 차례대로 계산한 뒤 답을 찾아 주세요.

예:   45 + 5 ÷ 10 + 1 = __6__

1. 85 − 15 − 25 + 10 = _____

2. 30 ÷ 3 × 4 + 5 − 6 = _____

3. 130 − 10 ÷ 10 × 4 + 10 + 2 = _____

4. 170 − 20 ÷ 5 + 7 − 12 + 3 = _____

# 74 변하는 시간

아래 시계에 시간을 더하거나 뺐을 때 몇 시인지 알 수 있나요? 빈 줄에 답을 적어 주세요. 오전, 오후도 구분해 주세요.

1. 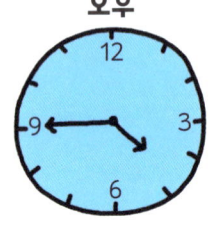  + 4시간 =
   ...........................

2. 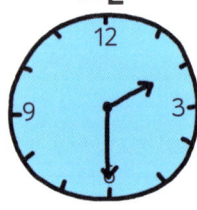  + 8시간 30분 =
   ...........................

3. 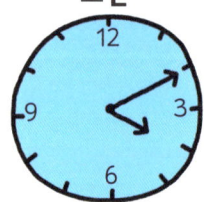  − 11시간 =
   ...........................

4.   + 7시간 =
   ...........................

5. 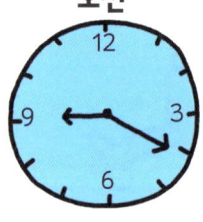  + 3시간 30분 =
   ...........................

# 75 내 돈은 중요하니까요

화성에는 화성만의 화폐 'Z'가 있어요.

**1.** 거스름돈 없이 13Z짜리 물건을 사려면 동전이 최소 몇 개가 필요할까요?

..................................................

**2.** 거스름돈 없이 85Z짜리 물건을 사려면 동전이 최소 몇 개가 필요할까요?

..................................................

**3.** 20Z 동전 3개를 지불하고 44Z짜리 물건을 샀다면, 거스름돈은 최소 동전 몇 개를 받을까요?

..................................................

## 76 컵케이크 탐지기

숨겨진 컵케이크들을 찾아 주세요. 컵케이크는 한 칸에 하나만 들어가며 숫자들은 그 주변의 컵케이크 수를 의미합니다.

예:

|  | 3 |  | 3 |  |
|---|---|---|---|---|
|  | 3 |  |  | 2 |
| 2 | 3 | 2 |  |  |
|  | 3 |  | 2 | 1 |
|  |  | 2 |  | 1 |

|  |  | 1 | 2 |  |
|---|---|---|---|---|
| 2 |  |  | 4 | 2 |
|  | 3 |  |  | 1 |
| 2 |  | 3 |  | 2 |
|  | 2 |  | 2 |  |

TIME

## 77 수열의 슈퍼 히어로

나열된 숫자 다음에 들어갈 알맞은 숫자를 적어 주세요.

예: 98  92  86  80  74  68  <u>62</u>

1. 33  36  39  42  45  48  ..........

2. 150  142  134  126  118  110  ..........

3. 13  22  31  40  49  58  ..........

4. 64  32  16  8  4  2  ..........

TIME

# 78 스도쿠 마스터

가로줄, 세로줄 그리고 2x2 상자 안에 1에서 4까지의 숫자를 겹치지 않게 넣어 주세요. 퍼즐 밖에 있는 수들은 그 줄에 있는 가장 가까운 두 숫자의 합을 의미해요.

빨간 원 왼쪽에 있는 수가 6이 되는 이유는, 2와 4를 더한 값이기 때문입니다.

예:

|   | 3 | 7 | 3 | 7 |   |
|---|---|---|---|---|---|
| 6 | 2 | 4 | 1 | 3 | 4 |
| 4 | 1 | 3 | 2 | 4 | 6 |
| 6 | 4 | 2 | 3 | 1 | 4 |
| 4 | 3 | 1 | 4 | 2 | 6 |
|   | 7 | 3 | 7 | 3 |   |

1.

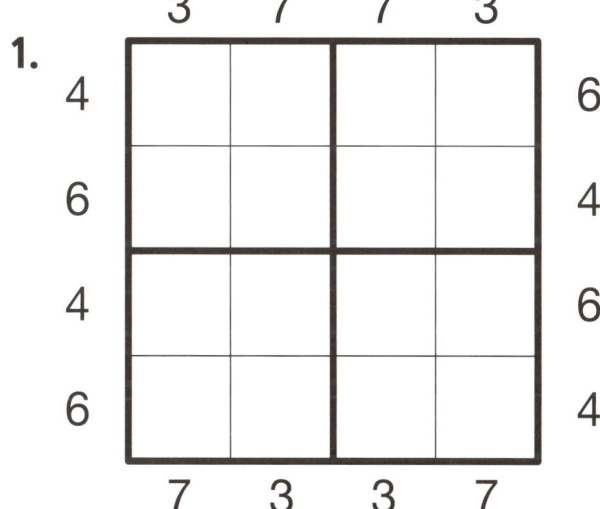

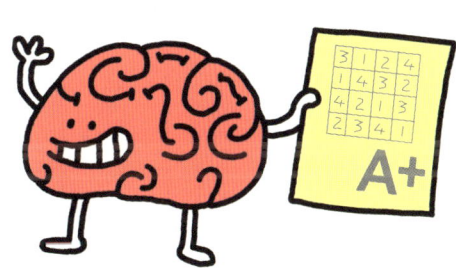

2.

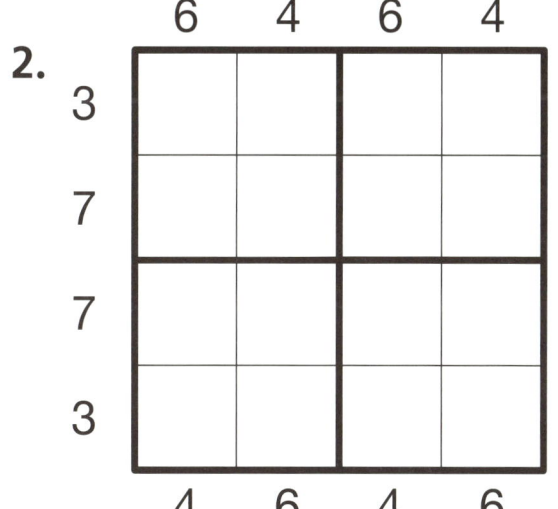
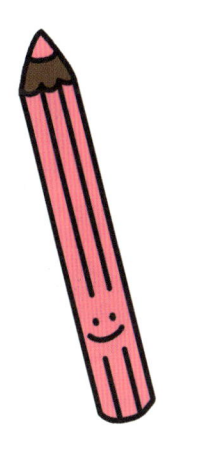

TIME

# 79  스도쿠 장인

가로줄, 세로줄에 1에서 5까지의 숫자가 겹치지 않게 모든 빈칸을 채워 주세요. 단, 굵은 블록 안의 숫자들을 더하면 왼쪽 위에 있는 숫자가 되어야 합니다. 예시를 보면, 블록 안의 5와 3을 더하면 8이 나옵니다.

예:

| ⁵4 | 1 | ⁶2 | ⁸3 | 5 |
|---|---|---|---|---|
| ³3 | ⁵5 | 4 | ¹⁵1 | ⁶2 |
| ³1 | 3 | 5 | 2 | 4 |
| 2 | 4 | ⁴3 | ⁵5 | ¹1 |
| ⁷5 | 2 | 1 | ⁷4 | 3 |

칸이 하나인 것부터 시작하는 게 좋아요. 합칠 게 없으니까 바로 쓸 수 있거든요.

**1.**

| 4 | 6 |   | 9 | 1 |   |
|---|---|---|---|---|---|
|   | 3 | 13|   | 7 |   |
| 7 |   |   |   |   |   |
|   | 6 |   | 1 |   | 7 |
| 4 |   | 7 |   |   |   |

**2.**

| 5 | 8 |   |   | 6 |   |
|---|---|---|---|---|---|
|   | 1 | 9 |   |   | 8 |
| 8 | 11| 1 |   |   |   |
|   |   |   | 1 |   | 3 |
| 6 |   | 8 |   |   |   |

TIME

# 80 파라오가 되어 보자

피라미드에 있는 빈칸에 알맞은 숫자를 적어 주세요. 각 칸의 숫자는 바로 아래 있는 두 칸의 합이어야 합니다.

예:

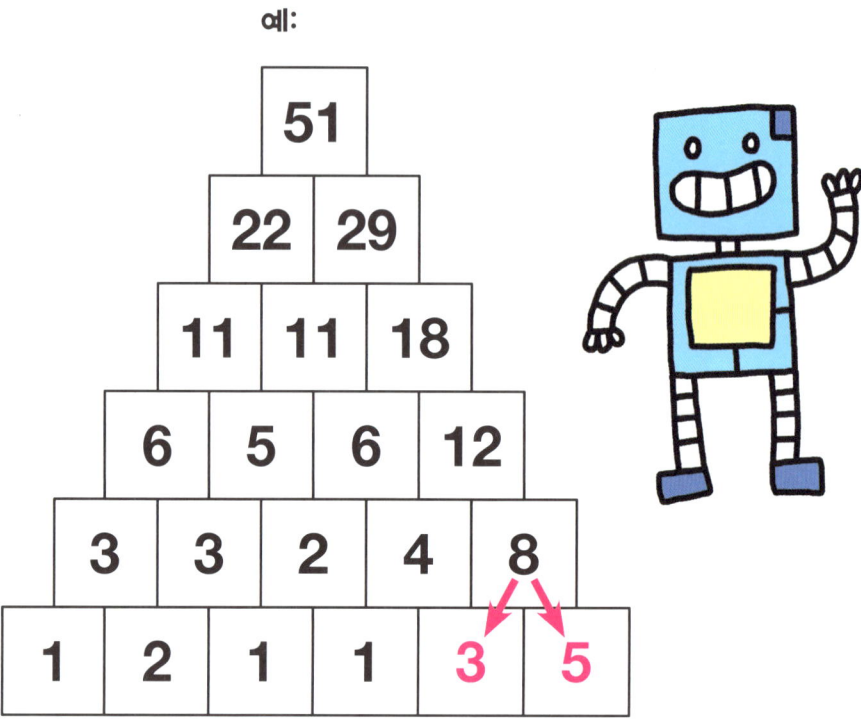

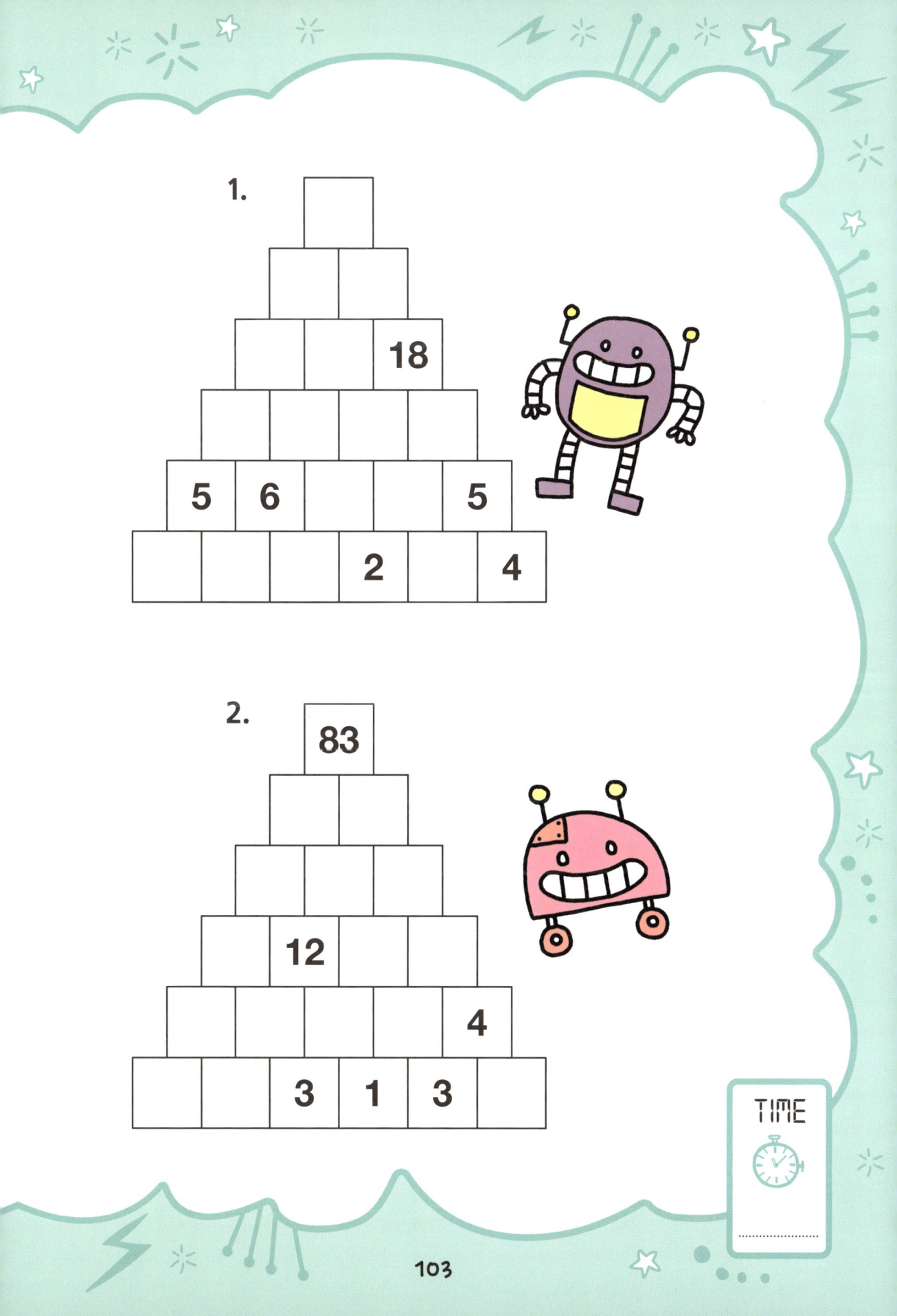

## 81 바다를 갈라 보자

작은 점선 사각형이 모여 만들어진 큰 사각형이 있습니다. 점선 사각형을 보면 숫자가 적혀 있어요. 예시처럼 숫자만큼의 점선 사각형을 포함하는 작은 사각형을 만들어 주세요.

예:

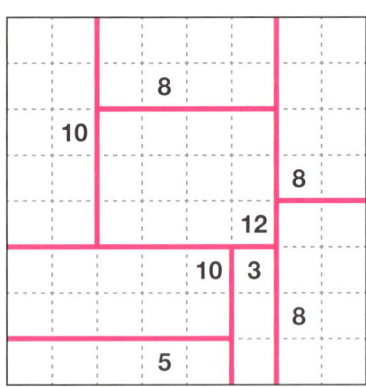

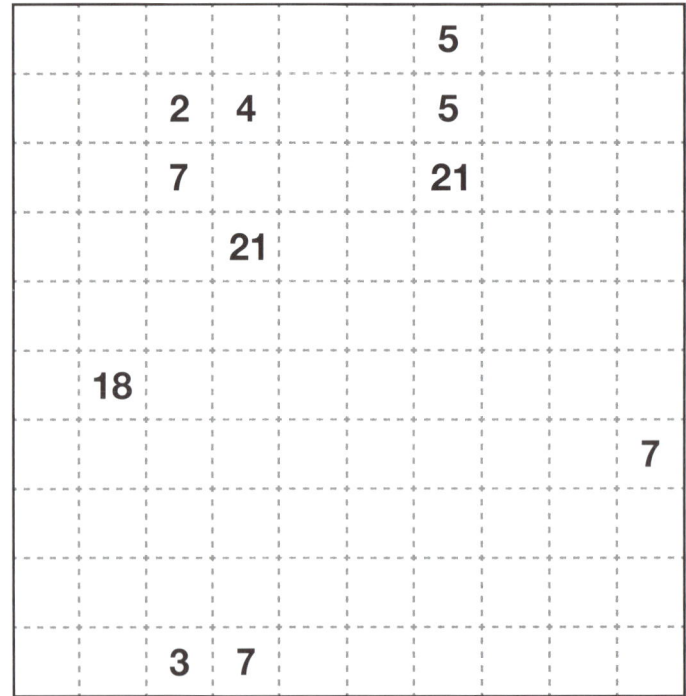

## 82 다트 마스터

다트 화살 세 개를 던져 아래 문제의 답이 나오게 하려면 안쪽, 가운데, 바깥쪽 원에서 각각 어떤 숫자를 맞혀야 할까요? 예를 들어 숫자 7을 만들려면 안쪽 원의 4와 가운데 원의 2, 바깥쪽 원의 1을 맞히면 돼요.

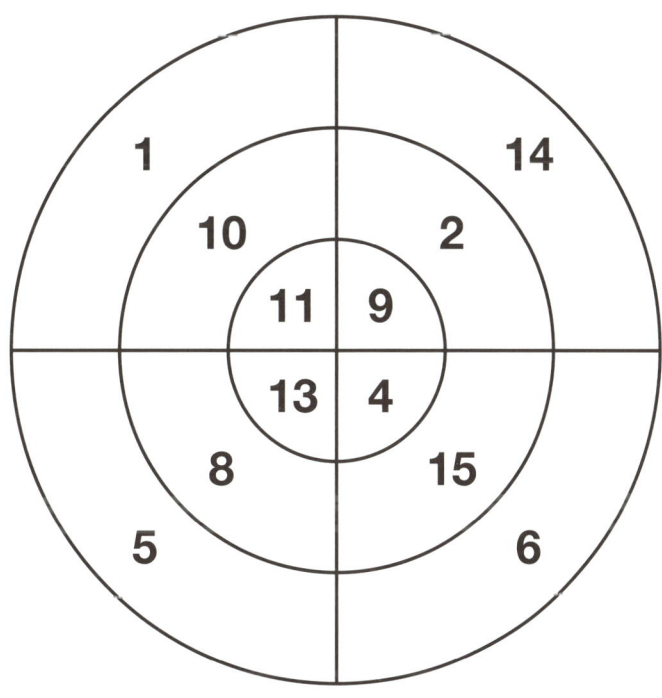

1. _____ + _____ + _____ = 14

2. _____ + _____ + _____ = 21

3. _____ + _____ + _____ = 30

## 83 수학으로 벽돌집을?

가로줄, 세로줄에 1에서 6까지의 숫자가 겹치지 않게 모든 벽돌을 채워 주세요. 같은 벽돌 안에는 짝수 1개, 홀수 1개가 들어가면 됩니다. 예시를 보고 벽을 쌓아 주세요.

예:

| 1 | 4 | 3 | 2 | 5 | 6 |
|---|---|---|---|---|---|
| 3 | 1 | 6 | 5 | 2 | 4 |
| 4 | 3 | 5 | 6 | 1 | 2 |
| 2 | 6 | 1 | 3 | 4 | 5 |
| 5 | 2 | 4 | 1 | 6 | 3 |
| 6 | 5 | 2 | 4 | 3 | 1 |

TIME

# 정답

### 논리력 수학 1

올바르게 짝지어진 것들은:
2와 4
5와 10
7과 14
9와 18

### 논리력 수학 2

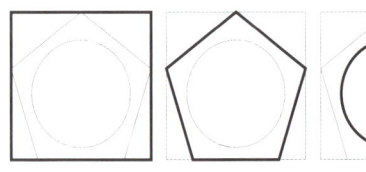

이 그림은 사각형, 오각형, 원으로 만들어졌습니다.
최대 변이 6개인 도형을 만들 수 있습니다.

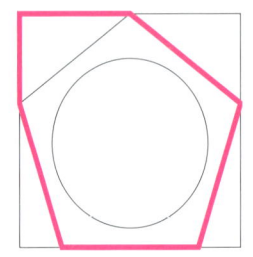

### 논리력 수학 3

홀수인 숫자들은:
3, 9, 13, 21, 37, 45, 67, 81, 101, 135

### 논리력 수학 4

1. 11 = 4 + 7
2. 14 = 4 + 10
3. 16 = 4 + 5 + 7
4. 25 = 7 + 8 + 10

### 논리력 수학 5

 = 3    = 5

**논리력 수학 6**

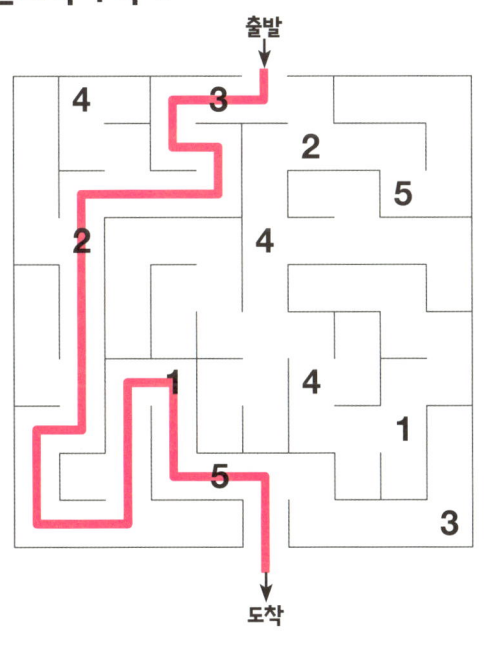

길에서 만난 숫자들의 합은 3+2+1+5=11입니다.

**논리력 수학 7**

1. – 10
2. + 3
3. + 5

**논리력 수학 8**

1. 3 × 5 = 15
2. 5 × 5 = 25
3. 4 + 8 = 12
4. 20 ÷ 2 = 10
5. 19 + 19 = 38
6. 35 ÷ 5 = 7
7. 87 + 13 = 100
8. 99 – 12 = 87
9. 5 – 5 = 0
10. 11 × 10 = 110

**논리력 수학 9**

| 3 | 4 | 2 | 1 | 5 | 6 |
|---|---|---|---|---|---|
| 4 | 5 | 3 | 6 | 2 | 1 |
| 6 | 1 | 4 | 2 | 3 | 5 |
| 1 | 2 | 5 | 4 | 6 | 3 |
| 2 | 3 | 6 | 5 | 1 | 4 |
| 5 | 6 | 1 | 3 | 4 | 2 |

# 정답

**논리력 수학 10**
1. 7개
2. 5개
3. 3개
큐브는 모두 15개입니다.

**논리력 수학 11**
1. 3
2. 3
3. 4
4. 2
5. 7
할인 후 제일 싼 상품은 4번이고, 할인 후 제일 비싼 상품은 5번입니다.

**논리력 수학 12**

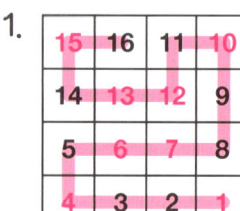

**논리력 수학 13**
1. 4+3=7, 3+5=8로 서로 답이 다릅니다.
2. 8+2=10, 1+8=9로 서로 답이 다릅니다.
3. 9×5=45, 40+4=44로 서로 답이 다릅니다.
4. 22+11=33, 10+20=30으로 서로 답이 다릅니다.
5. 80+10=90, 8×10=80으로 서로 답이 다릅니다.
서로 답이 다른 다섯 문제는 번호로, 서로 다른 그림 다섯 개는 동그라미로 표시했습니다.

**논리력 수학 14**

1.

|   | 7 | 3 | 3 | 7 |   |
|---|---|---|---|---|---|
| 4 | 3 | 1 | 2 | 4 | 6 |
| 6 | 4 | 2 | 1 | 3 | 4 |
| 4 | 1 | 3 | 4 | 2 | 6 |
| 6 | 2 | 4 | 3 | 1 | 4 |
|   | 3 | 7 | 7 | 3 |   |

2.

|   | 6 | 4 | 4 | 6 |   |
|---|---|---|---|---|---|
| 3 | 2 | 1 | 3 | 4 | 7 |
| 7 | 4 | 3 | 1 | 2 | 3 |
| 3 | 1 | 2 | 4 | 3 | 7 |
| 7 | 3 | 4 | 2 | 1 | 3 |
|   | 4 | 6 | 6 | 4 |   |

**논리력 수학 15**

| 4 | 3 | 5 | 2 | 1 |
|---|---|---|---|---|
| 5 | 4 | 1 | 3 | 2 |
| 2 | 1 | 3 | 4 | 5 |
| 3 | 5 | 2 | 1 | 4 |
| 1 | 2 | 4 | 5 | 3 |

**논리력 수학 16**

# 정답

**논리력 수학 17**

| E | G | F | A |
|---|---|---|---|
| 십오 | 칠십 | 삼십 | 이 |
| 4 | 2 | 3 | 8 |

| C | B | H | D |
|---|---|---|---|
| 구 | 오 | 팔십 | 십사 |
| 6 | 7 | 1 | 5 |

**논리력 수학 18**

1. 22 : 칸마다 +3하기
2. 25 : 칸마다 -5하기
3. 33 : 칸마다 -11하기
4. 138과 150 : 칸마다 +12하기

**논리력 수학 19**

1.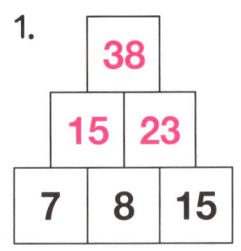

2.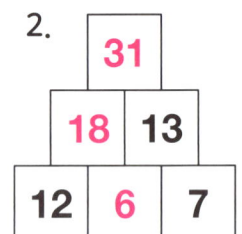

**논리력 수학 20**

□ + △ + △ = 10

⬡ + ▭ + △ = 13

⬠ + ⬡ + ◇ = 15

## 논리력 수학 21

| 3 | 2 | 6 | 5 | 4 | 1 |
|---|---|---|---|---|---|
| 4 | 5 | 1 | 2 | 3 | 6 |
| 1 | 3 | 4 | 6 | 5 | 2 |
| 2 | 6 | 5 | 3 | 1 | 4 |
| 5 | 1 | 2 | 4 | 6 | 3 |
| 6 | 4 | 3 | 1 | 2 | 5 |

## 논리력 수학 22

1.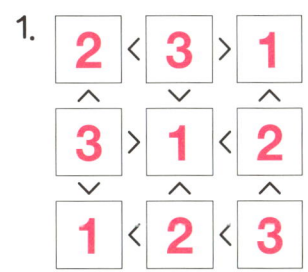

2.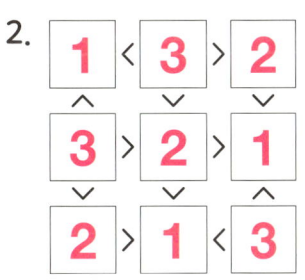

## 논리력 수학 23

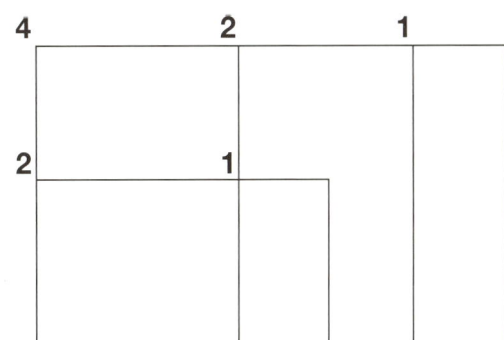

각 사각형의 왼쪽 위에 있는 꼭짓점을 기준으로 사각형을 만듭니다. 숫자들은 그 꼭짓점을 기준으로 한 사각형들의 개수로, 다 합치면 10개가 됩니다.

## 논리력 수학 24

1. 일요일
2. 금요일
3. 월요일

## 논리력 수학 25

정육면체로 접히는 전개도는 B입니다.

# 정답

**논리력 수학 26**

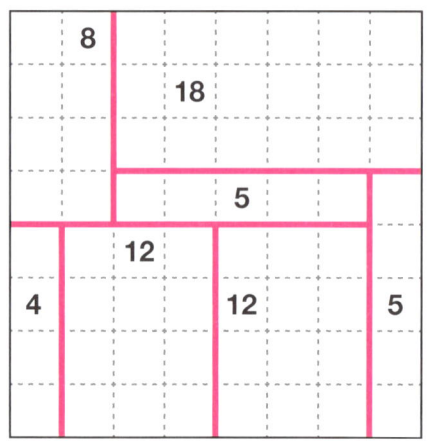

**논리력 수학 27**

5의 배수인 숫자는:
5, 10, 15, 20, 30, 35, 45, 55입니다.

**논리력 수학 28**

| 5 | 4 | 1 | 3 | 2 |
| 3 | 1 | 2 | 5 | 4 |
| 4 | 5 | 3 | 2 | 1 |
| 1 | 2 | 5 | 4 | 3 |
| 2 | 3 | 4 | 1 | 5 |

**논리력 수학 29**

올바르게 짝지어진 것들은:
오후 2시 - 오후 8시
오후 12시 - 오전 6시
오후 5시 - 오후 11시
오전 1시 - 오전 7시
오후 10시 - 오전 4시

**논리력 수학 30**

올바르게 짝지어진 것들은:
1하고 3        6하고 18
4하고 12      8하고 24      5하고 15

**논리력 수학 31**

1. 7 + 5 = 12
2. 14 + 5 = 19
3. 11 + 15 = 26

**논리력 수학 32**

1. 6개
2. 4개
3. 4개

큐브는 모두 14개 있습니다.

**논리력 수학 33**

1.

2.

**논리력 수학 34**

1.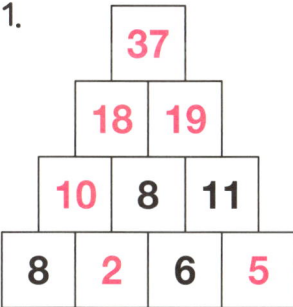

2.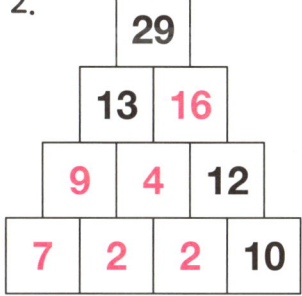

**논리력 수학 35**

1. 5 + 5 = 10
2. 5 ÷ 5 = 1
3. 5 × 5 = 25
4. 5 − 5 = 0
5. 36 + 36 = 72
6. 99 + 10 = 109
7. 27 + 54 = 81
8. 24 ÷ 8 = 3
9. 987 − 100 = 887
10. 350 ÷ 7 = 50

**논리력 수학 36**

 = 4   = 6

 = 3

# 정답

### 논리력 수학 37

1. 파인애플(6) + 사과(8) = 14
2. 포도(3) + 바나나(4) + 오렌지(9) = 16
3. 파인애플(6) + 사과(8) + 오렌지(9) = 23
4. 바나나(4) + 파인애플(6) + 사과(8) + 오렌지(9) = 27

### 논리력 수학 38

스파이는 92입니다.
왜냐하면 짝수이기 때문입니다.

### 논리력 수학 39

새롭게 고쳐진 시각들은:
1. 오후 4시
2. 오후 9시 30분
3. 오후 1시
4. 오전 6시 30분
5. 오후 5시

### 논리력 수학 40

1. 50
2. 15
3. 8
4. 156

### 논리력 수학 41

| 1 | 5 | 3 | 2 | 6 | 4 |
|---|---|---|---|---|---|
| 4 | 2 | 6 | 1 | 3 | 5 |
| 3 | 1 | 5 | 4 | 2 | 6 |
| 6 | 4 | 2 | 3 | 5 | 1 |
| 5 | 3 | 1 | 6 | 4 | 2 |
| 2 | 6 | 4 | 5 | 1 | 3 |

## 논리력 수학 42

1. 답은 동전 2개입니다.
   해설 1: 10M+5M (거스름돈 안 받을 때)
   해설 2: 10M+10M (거스름돈 받을 때)
2. 답은 동전 35개입니다. (1M 동전 35개를 썼을 때)
3. 30M을 지불했을 때 거스름돈은 9M입니다. 5M+2M+2M을 받으면 답은 동전 3개입니다.

## 논리력 수학 43

1. 

| 23 | 24 | 25 | 4  | 3  |
|----|----|----|----|----|
| 22 | 21 | 6  | 5  | 2  |
| 19 | 20 | 7  | 8  | 1  |
| 18 | 15 | 14 | 9  | 10 |
| 17 | 16 | 13 | 12 | 11 |

2. 

| 17 | 16 | 15 | 14 | 1 |
|----|----|----|----|---|
| 18 | 25 | 12 | 13 | 2 |
| 19 | 24 | 11 | 4  | 3 |
| 20 | 23 | 10 | 5  | 6 |
| 21 | 22 | 9  | 8  | 7 |

## 논리력 수학 44

| 4 | 1 | 3 | 2 | 5 |
|---|---|---|---|---|
| 1 | 3 | 2 | 5 | 4 |
| 3 | 2 | 5 | 4 | 1 |
| 5 | 4 | 1 | 3 | 2 |
| 2 | 5 | 4 | 1 | 3 |

## 논리력 수학 45

1. 삼각형
2. 사각형
3. 오각형

## 논리력 수학 46

올바르게 짝지어진 것들은:

$\frac{3}{9}$ 하고 $\frac{2}{3}$

$\frac{2}{4}$ 하고 $\frac{1}{2}$

$\frac{1}{4}$ 하고 $\frac{3}{4}$

# 정답

**논리력 수학 47**

정육면체를 접을 수 있는 전개도는 C입니다.

**논리력 수학 48**

1.

| 1 | 💍 | 2 |
|---|---|---|
|   | 3 | 💍 |
| 💍 |   | 1 |

2.

| 💍 | 2 | 💍 |
|---|---|---|
| 2 | 4 | 2 |
| 💍 |   | 💍 |

**논리력 수학 49**

 + ☆ + △ = 19

☆ + ☆ + ☆ = 30

☆ − △ − ⬠ = 2

**논리력 수학 50**

올바르게 짝지어진 것들은:
2하고 10       3하고 15
4하고 20       7하고 35
9하고 45       11하고 55

**논리력 수학 51**

1. 
| 1 | < | 2 | < | 3 |
|---|---|---|---|---|
|   |   | ∧ |   |   |
| 2 |   | 3 |   | 1 |
|   |   | ∨ |   |   |
| 3 |   | 1 |   | 2 |

2.
| 2 | 1 | 3 |
|---|---|---|
| 1 | 3 | 2 |
|   | ∨ |   |
| 3 | 2 | > | 1 |

**논리력 수학 52**

1. 동찬이는 5년 후 12살이 됩니다.
2. 창민이는 내년에 8살이 됩니다.
3. 도리는 현재 4살입니다.

**논리력 수학 53**

| 4 | 5 | 3 | 1 | 6 | 2 | 7 |
|---|---|---|---|---|---|---|
| 2 | 6 | 4 | 5 | 7 | 1 | 3 |
| 5 | 1 | 7 | 6 | 3 | 4 | 2 |
| 7 | 3 | 2 | 4 | 1 | 5 | 6 |
| 6 | 4 | 5 | 3 | 2 | 7 | 1 |
| 3 | 2 | 1 | 7 | 4 | 6 | 5 |
| 1 | 7 | 6 | 2 | 5 | 3 | 4 |

**논리력 수학 54**

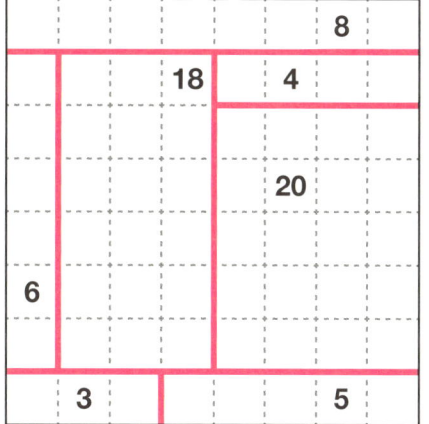

# 정답

### 논리력 수학 55

3의 배수인 숫자들은:
3, 6, 12, 18, 21, 27, 30, 36입니다.

### 논리력 수학 56

1.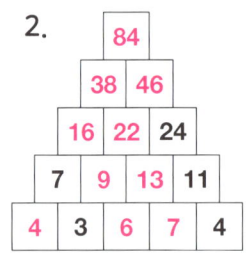

2.

### 논리력 수학 57

1. 12개
2. 9개

큐브는 모두 21개입니다.

### 논리력 수학 58

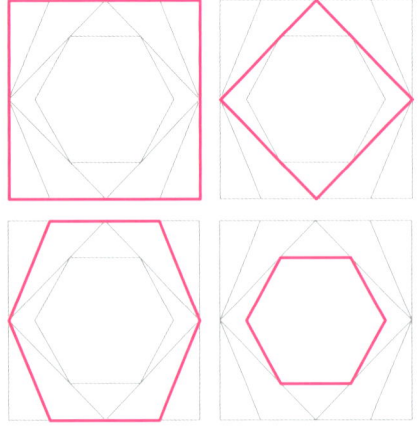

사각형 2개, 육각형 2개로 이루어졌습니다.

### 논리력 수학 59

1. 12
2. 30
3. 27
4. 99

**논리력 수학 60**

1. 2분
2. 45초
3. 1과 $\frac{1}{2}$ 시간
4. 3주
5. 25시간

**논리력 수학 61**

1. 10
2. 6
3. 9
4. 9
5. 12

할인 후 제일 싼 상품은 2번이고, 할인 후 제일 비싼 상품은 5번입니다.

**논리력 수학 62**

| 4 | 3 | 1 | 2 | 5 | 6 |
|---|---|---|---|---|---|
| 5 | 6 | 3 | 4 | 1 | 2 |
| 1 | 2 | 4 | 6 | 3 | 5 |
| 2 | 5 | 6 | 1 | 4 | 3 |
| 6 | 1 | 5 | 3 | 2 | 4 |
| 3 | 4 | 2 | 5 | 6 | 1 |

**논리력 수학 63**

1.
| 2 | 4 | 1 | 3 |
|---|---|---|---|
| 3 | 2 | 4 | 1 |
| 4 | 1 | 3 | 2 |
| 1 | 3 | 2 | 4 |

2.
| 4 | 2 | 1 | 3 |
|---|---|---|---|
| 1 | 3 | 4 | 2 |
| 3 | 4 | 2 | 1 |
| 2 | 1 | 3 | 4 |

# 정답

**논리력 수학 64**

= 4  　　= 6  　　= 2  　　= 1

**논리력 수학 65**

854와 136을 제외한 모든 숫자는 3의 배수입니다.

**논리력 수학 66**

1. 3 + 11 = 14
2. 3 + 4 + 11 = 18
3. 4 + 9 + 12 = 25
4. 8 + 9 + 11 + 12 = 40

**논리력 수학 67**

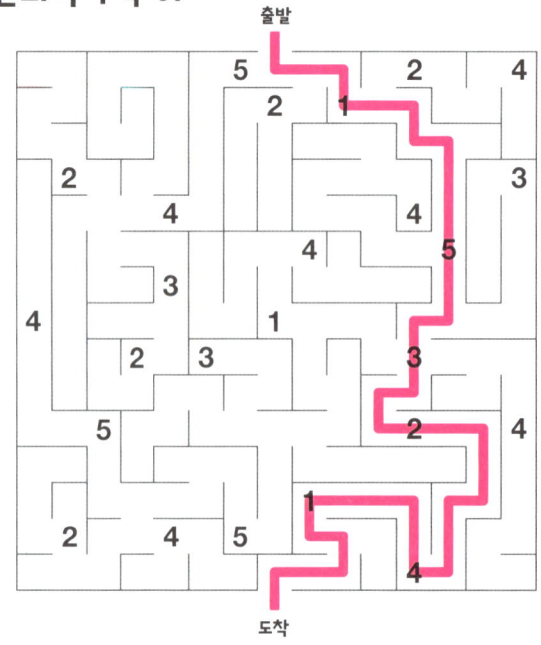

길에서 만난 숫자를 더하면 1+5+3+2+4+1 = 16 입니다.

## 논리력 수학 68

```
7     2  4     4       2  2
┌─────┬──┬─────┬───┬───┬──┐
│     │  │     │ 3 │ 2 │1 │
│     │  │     ├───┤   │  │
│ 3   │ 2│ 1   │   │   │  │
│     │  │     │   │   │  │
│     │  │     │ 2 │   │1 │
└─────┴──┴─────┴───┴───┴──┘
```

각 사각형의 왼쪽 위에 있는 꼭짓점을 기준으로 사각형을 만듭니다. 숫자들은 그 꼭짓점을 기준으로 한 사각형들의 개수. 다 합치면 36개가 됩니다.

## 논리력 수학 69

1. 21 + 2 = 23
2. 23 + 10 = 33
3. 21 + 13 = 34

## 논리력 수학 70

1. 7x2=14, 16-1=15로 서로 답이 다릅니다.
2. 10x5=50, 55-10=45로 서로 답이 다릅니다.
3. 8+7=15, 5+9=14로 서로 답이 다릅니다.
4. 13+37=50, 39+12=51로 서로 답이 다릅니다.
5. 150+5=155, 160-10=150으로 서로 답이 다릅니다.
서로 답이 다른 다섯 문제는 번호로, 서로 다른 그림 다섯 개는 동그라미로 표시했습니다.

# 정답

**논리력 수학 71**

1.
| 4 | 2 | 3 | 1 |
| 2 | 1 | 4 | 3 |
| 3 | 4 | 1 | 2 |
| 1 | 3 > 2 | 4 |

2.
| 2 | 1 | 3 | 4 |
| 1 < 2 | 4 | 3 |
| 3 | 4 | 1 | 2 |
| 4 | 3 > 2 > 1 |

**논리력 수학 72**
1. -12
2. +6
3. -4
4. ×2

**논리력 수학 73**
1. 55
2. 39
3. 60
4. 28

**논리력 수학 74**
1. 오후 8시 45분
2. 오전 11시
3. 오후 5시 10분
4. 오후 5시 30분
5. 오후 12시 50분

**논리력 수학 75**

1. 10Z+1Z+1Z+1Z이므로 동전 4개입니다.
2. 50Z+20Z+10Z+5Z이므로 동전 4개입니다.
3. 60Z를 내면 거스름돈이 16Z이니 10Z, 5Z, 1Z 동전 3개입니다.

**논리력 수학 76**

|  |  | 1 | 2 |  |
|---|---|---|---|---|
| 2 |  |  | 4 | 2 |
|  | 3 |  |  | 1 |
| 2 |  | 3 |  | 2 |
|  | 2 |  | 2 |  |

**논리력 수학 77**

1. 51: 칸마다 +3하기
2. 102: 칸마다 −8하기
3. 67: 칸마다 +9하기
4. 1: 칸마다 ÷2하기

**논리력 수학 78**

1.  
```
    3 7 7 3
  4 1 3 4 2 6
  6 2 4 3 1 4
  4 3 1 2 4 6
  6 4 2 1 3 4
    7 3 3 7
```

2.  
```
    6 4 6 4
  3 2 1 4 3 7
  7 4 3 2 1 3
  7 3 4 1 2 3
  3 1 2 3 4 7
    4 6 4 6
```

**논리력 수학 79**

1.  
| ⁴3 | ⁶2 | 4 | ⁹5 | ¹1 |
|---|---|---|---|---|
| 1 | ³3 | ¹³2 | 4 | 5 |
| ⁷5 | 4 | 1 | 3 | 2 |
| 2 | ⁶5 | 3 | 1 | ⁷4 |
| ⁴4 | 1 | ⁷5 | 2 | 3 |

2.  
| ⁵1 | ⁸3 | 5 | ⁶2 | 4 |
|---|---|---|---|---|
| 4 | ¹1 | ⁹2 | 3 | ⁸5 |
| ⁸5 | ¹¹2 | ¹1 | 4 | 3 |
| 3 | 5 | 4 | ¹1 | ³2 |
| ⁶2 | 4 | ⁸3 | 5 | 1 |

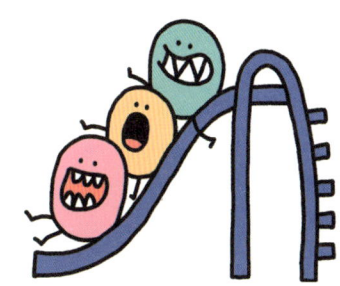

# 정답

**논리력 수학 80**

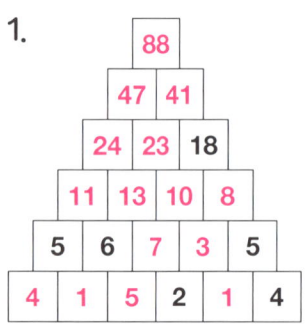

**논리력 수학 81**

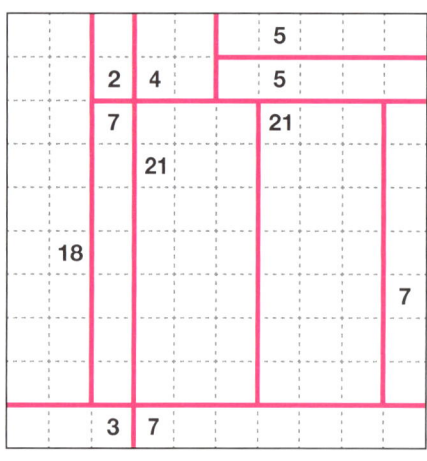

**논리력 수학 82**

1. 11 + 2 + 1 = 14
2. 13 + 2 + 6 = 21
3. 9 + 15 + 6 = 30

**논리력 수학 83**

| 3 | 4 | 2 | 5 | 6 | 1 |
|---|---|---|---|---|---|
| 5 | 2 | 1 | 6 | 3 | 4 |
| 6 | 3 | 4 | 1 | 2 | 5 |
| 1 | 6 | 5 | 3 | 4 | 2 |
| 4 | 5 | 3 | 2 | 1 | 6 |
| 2 | 1 | 6 | 4 | 5 | 3 |

# 메모장

# 21 디즈니 퀴즈

1. 심바와 그의 아버지 무파사 이야기를 담은 영화는?
   ① 겨울왕국　　　② 라이온 킹
   ③ 신데렐라　　　④ 백설 공주

2. 디즈니 영화 "인어 공주"의 주인공은?
   ① 애비　② 메리　③ 에이리얼　④ 사만다

3. 발루가 모글리에게 'Bare Necessities'라는 노래를 불러 주며 등장하는 영화의 제목은?
   ① 정글북　　　② 니모를 찾아서
   ③ 모아나　　　④ 코코

4. "미녀와 야수"의 주인공 이름은?
   ① 백설 공주　　② 라푼젤
   ③ 신데렐라　　④ 벨

5. "토이 스토리"의 주인공, 우디는 어떤 장난감인가요?
   ① 카우보이　　② 곰
   ③ 우주 전사　　④ 자동차

SCORE

## 26 시간의 흐름을 따라

시간의 단위와 그에 맞는 시간의 양을 찾아 선으로 이어 주세요.

- 1세기
- 1일
- 1초
- 1시간
- 1밀레니엄
- 1분
- 1달
- 1주
- 1년

- 1000년
- 1000밀리초
- 100년
- 24시간
- 60분
- 60초
- 7일
- 28일~31일
- 365일~366일

SCORE

# 54 시간을 달리는 시계

시곗바늘이 10분 빠르네요. 빨리 시간을 고쳐 주세요.

TIME

# 102 늙은 당나귀

일을 마친 늙은 당나귀가 집에서 쉬고 싶어 해요.

출발

도착

TIME

# 25 네모 찾기

아래 그림 속에 숨어 있는 네모가 몇 개일까요?
잘 살펴보세요, 그림 속 네모들은 모양도 다르고 겹치는 것들도 있습니다.

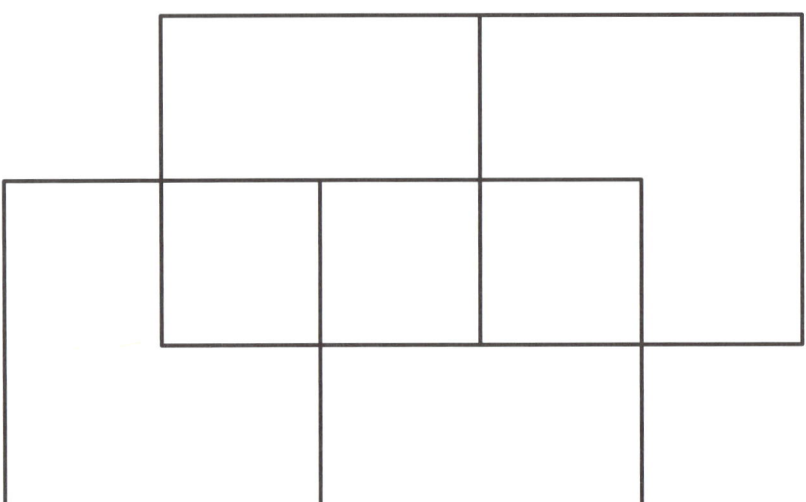

답을 여기에 적어 주세요:

.............. 개입니다.

TIME

# 81 구슬 수학놀이

A, B 두 종류의 구슬 주머니가 있어요. 두 구슬 주머니에는 각각 다른 개수의 구슬이 들어 있습니다.

아래 4개의 주머니를 산다면 22개의 구슬을 가질 수 있어요.

아래 4개의 주머니를 산다면 21개의 구슬을 가질 수 있어요.

그럼 A, B 주머니 속에는 구슬이 각각 몇 개씩 들어 있는 걸까요?
답을 적어 주세요:

TIME

# 6　잼 나누기

서아와 이서는 학교에서 잼을 만들어 6개의 병에 담으려고 합니다. 두 친구는 잼을 다 만들어 다음과 같이 병에 담았다고 해요.

- 3개의 병에 잼을 가득 담았어요.
- 2개의 병에 잼을 절반만큼 담았어요.
- 1개의 병에는 잼을 담지 않았어요.

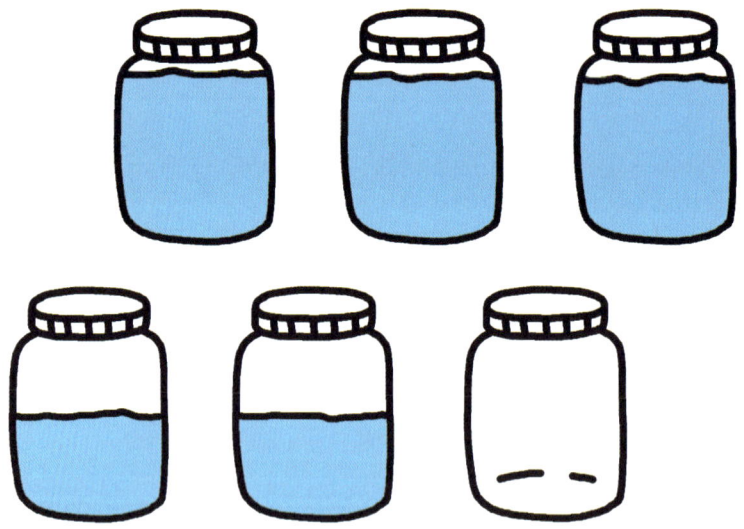

두 친구는 잼과 병을 똑같이 나눈 다음 집에 가려고 합니다. 두 친구가 잼과 병을 어떻게 나눠야 할까요?

## 29 덧셈의 짝

수가 적힌 거품과 계산 결과가 같은 계산식끼리 선으로 연결해 볼까요? 예를 들어, '7'은 3+4의 계산 결과와 같으므로 '3+4'와 연결하면 됩니다.

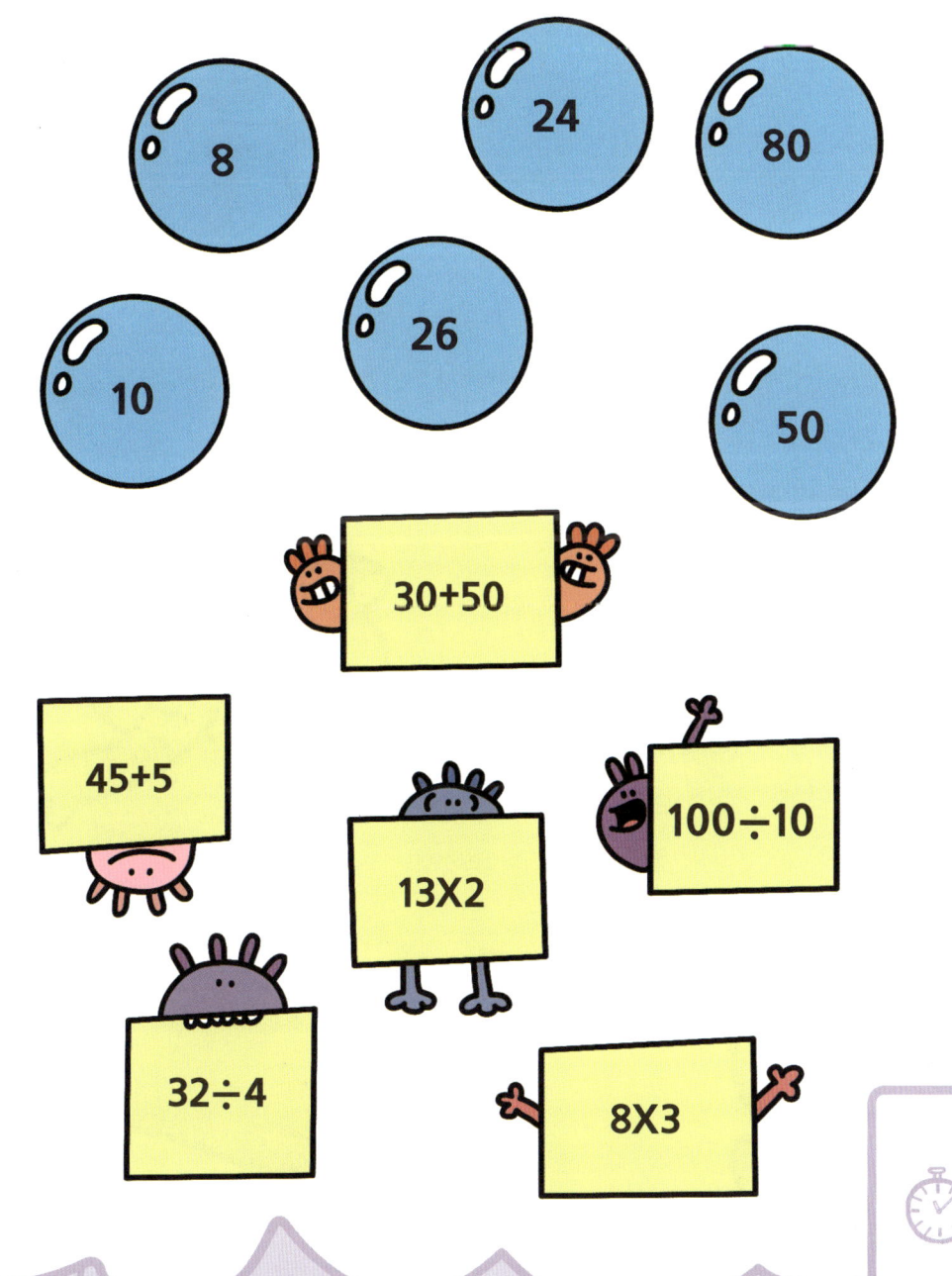

# 69 동물원

아린이는 동물원에 가기 전날 미리 동물들과의 인사 순서를 정해놨어요.
순서는 다음과 같아요.

- 첫 번째: 올빼미(owl)
- 두 번째: 사자(lion)
- 세 번째: 호랑이(tiger)
- 네 번째: 원숭이(monkey)

아린이는 일정한 규칙으로 이 순서를 정했다고 해요.
아린이가 정한 규칙은 무엇인지, 다섯 번째는 어떤 동물을 찾아갈지 맞혀 보세요.
힌트는 영어 이름입니다.

a. 코뿔소(rhinoceros)
b. 기린(giraffe)
c. 코끼리(elephant)
d. 낙타(camel)

TIME

## 82 병 수수께끼

두 친구가 함께 산책을 하고 있어요.

물병이 하나밖에 없어서, 두 친구는 물을 반씩 나누어 마시기로 했어요. 두 친구는 산책을 떠나기 전 병에 물을 가득 채웠습니다. 물병은 돌려서 여는 뚜껑이 달렸고 입구가 좁고 가운데 부분이 불룩한 모양입니다. 병은 투명하지만, 어느 정도 높이가 정확히 반인지 바로 알 수는 없어요.

병에는 어떤 표시도 없지만, 물이 정확히 반이 되는 높이를 쉽게 알 방법이 있어요. 그 방법은 무엇일까요?

TIME

# 영국 학부모들이 선택한 재미있는 두뇌 자극 놀이책

우리 두뇌는 끝없이 배고프다!!!
인간은 평생 자신의 두뇌 용량의 10%도 못 쓰고 죽습니다.
인간의 두뇌는 새로운 경험과 자극을 통해 끝없이 발달합니다.
아이들의 두뇌 학습 능력은 어른들의 두 배 이상 높아
모든 것을 스펀지처럼 빨아들입니다.
다양한 자극을 통해 두뇌력을 키울 수 있습니다.

똑똑한 어린이들의 논리력을 키워주는
80개 이상의 수학 문제를 함께 풀어 봐요!

 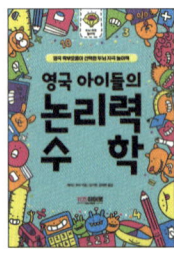